기독교문서선교회 (Christian Literature Center: 약칭 CLC)는 1941년 영국 콜체스터에서 켄 아담스에 의해 시작되었으며 국제 본부는 미국 필라델피아에 있습니다. 국제 CLC는 59개 나라에서 180개의 본부를 두고, 약 650여 명의 선교사들이 이동도서차량 40대를 이용하여 문서 보급에 힘쓰고 있으며 이메일 주문을 통해 130여 국으로 책을 공급하고 있습니다. 한국 CLC는 청교도적 복음주의 신학과 신앙서적을 출판하는 문서선교기관으로서, 한 영혼이라도 구원되길 소망하면서 주님이 오시는 그날까지 최선을 다할 것입니다.

추천사

옥 성 석 목사 (충정교회 담임, 교회갱신협의회 공동대표)

사실 처음엔 큰 기대를 하지 않았습니다. 하지만 보내온 원고를 한두 페이지 넘기면서 나도 모르게 본문 속으로 빨려 들어가게 되었습니다. 눈이 충혈되는 것도 마다하지 않고, 마지막 페이지까지 단숨에 독파했습니다. 미가 선지자를 통해 주신 메시지가 오늘 현대인들, 특히 크리스천들을 향한 하나님의 음성임이 절절히 다가왔습니다. 오늘의 크리스천들은 대부분 하나님께 실망하고 있는 것 같습니다. 자신의 실상을 돌아보지 않고 모든 책임을 그분께 전가한 채 말입니다.

저자는 바로 그 예민한 부분을 파고 들어갔습니다. 평소에 별로 의심하지 않고 적당히 넘어가는 문제, 바로 그 문제를 하나님은 들추어내시며, 해결하기를 원하십니다. 그때 하나님은 비로소 우리와 수갑을 함께 차신 모습으로 '독침'이 아닌 '약침'으로 영광을 보여주실 것입니다. 미가서는 이 한 권으로 족합니다. 대학에서 '윤리학'을 강의했던 저자가 중간 중간 인용한 예화들은 본문을 맛깔나게 이해시킵니다. 때문에 이 책은 일반 평신도들뿐만 아니라 특히 목회자들에게 꼭 필요한 귀중한 깨달음이 곳곳에 숨겨져 있습니다. 독자들은 책장을 넘길 때마다 이 '숨겨진 보화'를 발견하는 큰 기쁨을 맛보게 될 것입니다(마 13:44).

유 상 섭 목사 (창신교회 담임, 전 총신대학교 교수)

미가서는 12개 소선지서 중의 하나입니다. 7장밖에 되지 않지만 미가서는 선지자 이사야와 선지자 예레미야에게 중대한 영향을 끼쳤습니다. 선지자 미가는 선지자 이사야와 거의 비슷한 시기에 활동한 선배 선지자였습니다. 선지자 예레미야는 미가보다 약 100년 앞서 예언했던 선지자였습니다. 더욱이 미가는 메시아가 베들레헴에서 탄생할 것을 예언하였습니다. 이러한 사실들은 미가서가 소선지서라고 하여 결코 작은 책이 아님을 보여줍니다.

그러나 많은 사람들에게 미가서는 지금으로부터 약 2700년 전의 책이라 시간적으로, 사회적으로, 문화적으로, 언어적으로 낯설게 느껴지는 것이 사실입니다. 본서는 우리와는 전혀 상관이 없는 책으로 여겨졌던 미가서를 오늘 이 시대를 살아가는 우리에게 아주 적합한 하나님의 살아있는 말씀으로 바꾸어 놓았습니다. 아주 쉽게, 그리고 가슴에 와닿게 쓰여진 본서는 하나님께서 미가서를 통해 주시는 메시지를 생생하게 독자들에게 들려줄 것입니다. 독자들에게 이 책을 적극적으로 추천합니다.

****

정 갑 신 목사 (예수향남교회 담임)

쉽게 읽히면서도 가볍지 않은 열두 편의 설교로 미가서가 다시 탄생했습니다. 미가서는 쉽지 않은 책입니다. 그러나 저자는 역사적 상황과 상징들에 대해 전심을 기울인 묵상을 통해 미가 선지자의 묵직한 외침을 우리 시대의 성도들에게 새롭게 들려줍니다. 통곡으로 시작하여 영광의 노래로 마치는 미가서를 21세기 목양의 버전으로 읽어 내려가는 동안 하나님 백성들의 소망과 안식의 기반들을 다시 발견해 보시기 바랍니다. 선지서를 통해 하나님을 새로이 만나기 원하는 모든 그리스도인들과 하나님과 운명공동체로 하루하루를 살아가고자 하는 모든 성도님들에게 추천합니다.

***

김병태 목사 (성천교회 담임, 『행복한 집사, 행복한 장로, 행복한 권사, 행복한 교회』 저자)

실망이 원망이 되고, 원망이 분노로 쌓일 수 있는 인생. 그것이 우리 주변의 사람일 수도 있지만, 하나님을 향한 것일 때 우리의 삶은 송두리째 흔들릴 수 있습니다. 본서는 하나님을 향한 실망에서 벗어나 영적 자유자로 살 수 있는 비결을 선지자의 외침을 통해 아주 간명하면서도 구체적으로 제시해 줍니다. 더구나 미가 선지자가 활동하던 시대의 유다 백성들의 삶을 통해 영적인 삶의 깊은 심연의 세계를 진단해줌으로 영적 도약과 혁명에 이르도록 안내해줍니다. 영적 매너리즘과 자만심에 빠져 안전한 삶이라고 착각할 수 있는 영적인 삶을 재건축하려는 자들에게 꼭 읽어보도록 강력하게 추천합니다!

***

안인섭 교수 (총신대학교 신학대학원)

성경을 읽을 때 신약에 비해서 구약은 어렵다고 생각하고, 그중에서 미가서와 같은 책은 더 생소하게 느끼는 사람들이 많은 것 같습니다. 그러나 교회와 사회를 성경적인 원칙으로 다시 회복하고자 했던 16세기 종교개혁 운동가 가운데 가장 대표적인 칼빈은 "미가서는 우리 자신의 정체성을 알게 해 주는 중요한 책"이라고 말합니다. 칼빈은 미가서를 통해서 마치 우리의 얼굴을 거울에 비추어 보는 것처럼 우리 자신의 삶을 진솔하게 살펴보아야 한다고 강조했습니다. 현대인들은 너무나 바쁜 일상 속에서 자신의 마음속을 들여다볼 겨를이 없습니다. 그래서 더 고독하고 더 이기적으로 변해갑니다. 그런 의미에서 본서가 기독교 독자들과 목회자들의 손에 들린다면 큰 유익이 있을 것으로 기대합니다.

저는 몇 가지 이유에서 본서를 적극 추천하고자 합니다.

첫째, 본서는 마치 저자가 독자와 얼굴을 마주 대하고 설교하거나 대화하는 듯한 느낌으로 미가서를 풀어 주고 있습니다. 예를 들어 미가서가 전해 주는 복음을 소개하는 내용 중에 등장하는 북한에서 교수였다가 탈북하여 여전도사가 된 분의 이야기는 미가서가 선포하는 복음의 능력을 더욱 감동 있게 전해 주고 있습니다.

둘째, 서로 대화하듯이 저술되었지만 본서는 깊은 성경 해석과 묵상을 통해 저술된 것임을 금방 알 수 있습니다. 철저한 본문 분석과 말씀 연구가 먼저 있었던 것입니다. 그래서 읽는 이에게 글에 대한 신뢰를 주고 있습니다.

셋째, 본서를 읽어보면 자극적이거나 비약적인 표현 없이, 마치 잔잔하게 흐르는 개울물 소리가 가슴을 파고 들어오듯이 말씀이 주는 은혜가 깊게 느껴집니다. 그것이 저자인 배정석 목사님 자신이 성경을 깊이 묵상해서 그것을 언어로 녹아냈기 때문이라고 생각합니다. 본서의 제목처럼 신앙생활 중에 낙심하고 하나님의 침묵 앞에서 고통받고 있을 때, 본서를 손에 들고 시간을 내서 차분히 정독하기를 권해드립니다. 배 목사님의 미가서 강해는 무미건조한 신학책이 아니라 읽는 이들에게 감동과 영적 유익을 주는 책이라고 확신합니다.

김형국 목사 (하나복DNA네트워크 대표, 신학박사)

오늘날 한국교회가 돌아가면서 읽고 묵상해야 할 성경은 특별히 구약의 소선지서들입니다. 다양하고 화려한 종교행사는 있지만, 사회적 정의는 이루어지지 않고 있고 임박한 심판 앞에서도 혼합주의 속에서 무엇이 문제인지도 제대로 인식하지 못하고 있었던 이스라엘의 모습은 불행히도 우리의 모습과 너무 많이 닮았습니다. 그러므로 이에 대한 하나님의 경고와 회개에의 촉구는 오늘 우리 한국교회가 외치고 들어야 할 말씀입니다.

한국교회가 병든 만큼 소선지서는 관심을 받지 못하는데, 배정석 목사님의 미가서 강해는 가뭄 끝의 단비와 같습니다. 어렵고 무겁게 느껴질 수 있는 미가서를 모든 사람들이 어렵지 않게 읽어나가며, 짓눌림을 당하지 않으면서도 진중한 무게감을 느끼게 하는 강해여서, 우리 한국교회와 그 속에 속해 있는 자신을 하나님 앞에 세우고자 하는 모든 분들에게 큰 도움이 될 것입니다. 소선지서를 읽고 묵상하고 설교하며 살아내는 교회와 성도가 많아지길 기대하면서 본서를 적극 추천합니다.

벼랑에서 부르시는 주님

Lord Calling from the Cliff

Written by Bae, Jung Suck

All rights reserved.

Korean Edition Copyright ⓒ 2019 by Christian Literature Center, Seoul, Korea

벼랑에서 부르시는 주님

2019년 4월 30일 초판 발행

지은이	배정석
편집	정희연
디자인	신봉규, 전지혜
펴낸곳	(사)기독교문서선교회
등록	제16-25호(1980.1.18)
주소	서울특별시 서초구 방배로 68
전화	02-586-8761~3(본사) 031-942-8761(영업부)
팩스	02-523-0131(본사) 031-942-8763(영업부)
이메일	clckor@gmail.com
홈페이지	www.clcbook.com
송금계좌	기업은행 073-000308-04-020 (사)기독교문서선교회

ISBN 978-89-341-1960-9 (03230)

이 도서의 국립중앙도서관 출판예정도서목록(CIP)은 서지정보유통지원시스템 홈페이지(http://seoji.nl.go.kr)와 국가자료공동목록시스템(http://www.nl.go.kr/kolisnet)에서 이용하실 수 있습니다. (CIP제어번호: CIP2019011376)

이 책의 저작권은 저자와 (사)기독교문서선교회가 소유합니다. 신저작권법에 의하여 한국 내에서 보호받는 저작물이므로 무단 전재와 무단 복제를 금합니다.

미가서 강해

벼랑에서
부르시는 주님

배 정 석 지음

CLC

목차

추천사   **옥 성 석** 목사
           유 상 섭 목사
           정 갑 신 목사
           김 병 태 목사
           안 인 섭 교수
           김 형 국 목사

프롤로그   12

제1장	모범생이 놓치기 쉬운 것	16
제2장	영적 재건축	31
제3장	절대적인 자신감	51
제4장	마지막을 의식하며 사는 삶	67
제5장	세 가지 절망 그러나 희망	85
제6장	하나님의 새로운 비전	106

제7장	벼랑 끝에 서는 용기	123
제8장	한 왕이 오신다	139
제9장	새 백성의 정체성	155
제10장	하나님께 실망했을 때	171
제11장	영적 개혁을 불러오는 미가의 기도	190
제12장	미가의 찬양기도	204

프롤로그

 우리는 이 땅에 태어나 한 번의 인생을 살아갑니다. 한 번의 인생을 살아가면서 우리는 많은 문제에 직면하게 됩니다. 하지만 믿음의 사람들은 어떠한 상황 가운데 놓인다 할지라도 하나님을 신뢰할 수 있어야 합니다. 이러한 믿음의 삶을 살 때 안락하고 평범한 삶을 포기하는 것이고, 곧 하나님과 동역하게 되는 것입니다. 이러한 믿음의 삶에는 벼랑 끝에 설 수 있는 용기가 필요합니다.

 여러분은 걱정하는 새를 본 적이 있으시나요?

 여러 날 동안 잠을 못 자서 눈이 충혈되고, 눈동자는 흐릿하고, 융자금을 어떻게 갚을까 하는 걱정을 하면서 어려움을 견뎌 냈다는 새를 본 적이 있나요?

 예수님은 우리에게 재정문제를 가르쳐 주시려고 새를 예를 들어 설명하십니다.

> 공중의 새를 보라 심지도 않고, 거두지도 않고, 창고에 모아 들이지도 아니하되, 너희 천부께서 기르시나니, 너희는 이 것들보다 귀하지 아니하냐(마 6:26).

우리는 새에게서 이처럼 걱정하지 않고 사는 삶의 비결을 배울 수 있습니다.

예수님은 무엇을 먹을까, 마실까, 몸을 위해 무엇을 입을까 염려하지 말라고 하셨습니다. 우리는 공중에 있는 새들처럼 걱정 없이 살아야 합니다.

그런데, 정말로 우리는 걱정 없이 살아갈 수 있을까요?

취업문제, 결혼문제, 사업문제 등 많은 걱정 속에 살아갑니다.

믿음은 하나님의 음성을 듣는 것에서 시작됩니다.

하나님이 당신에게 무엇을 하라고 하시는지를 아는 것이 믿음의 첫 단계이며, 그것에 순종하는 것이 두 번째 단계입니다. 믿음은 행동하는 것이지, 수동적인 것이 아니기 때문입니다.

성경에 나오는 놀라운 기적들은 모두가 순종함으로 이뤄졌다는 사실입니다.

그리고 미가 선지자가 하는 말은 저는 자, 쫓겨난 자, 환난을 받은 자, 그들이 남은 백성이 된다는 것입니다. 이것이 하나님의 말씀입니다. 다시 말하면 고통을 받는 너희들이 주인공이라는 것입니다. 너희들이 고통을 받고 있기 때문에 주인공이라는 것입니다. 고통이 있으니까 오히려 하나님 백성이라는 것입니다.

고통이 우리에게 주는 최고의 축복이 무엇인지 아십니까?

그것은 바로 우리의 신분을 확인하게 합니다. 우리의 정체성을 확인하게 합니다. 고통이 있으니까 주인공입니다. 너희들이 고통이 있으니까 너희들이 남은 백성이다라고 하는 것이 미가가 말씀하는 메시지입니다. 히브리서에는 고통이 없으면 사생아라고 말합니다.

우리가 벼랑에서 부르시는 주님의 말씀에 순종하는 이유는 바로 이것이 우리가 하나님의 백성이라는 정체성을 판별해 주기 때문입니다. 이 책을 통하여 하나님 나라의 정체성을 명확하게 세워가시길 바랍니다.

미가 1:1-7

¹ 유다의 왕들 요담과 아하스와 히스기야 시대에 모레셋 사람 미가에게 임한 여호와의 말씀 곧 사마리아와 예루살렘에 관한 묵시라 ² 백성들아 너희는 다 들을지어다 땅과 거기에 있는 모든 것들아 자세히 들을지어다 주 여호와께서 너희에게 대하여 증언하시되 곧 주께서 성전에서 그리하실 것이니라 ³ 여호와께서 그의 처소에서 나오시고 강림하사 땅의 높은 곳을 밟으실 것이라 ⁴ 그 아래에서 산들이 녹고 골짜기들이 갈라지기를 불 앞의 밀초 같고 비탈로 쏟아지는 물 같을 것이니 ⁵ 이는 다 야곱의 허물로 말미암음이요 이스라엘 족속의 죄로 말미암음이라 야곱의 허물이 무엇이냐 사마리아가 아니냐 유다의 산당이 무엇이냐 예루살렘이 아니냐 ⁶ 이러므로 내가 사마리아를 들의 무더기 같게 하고 포도 심을 동산 같게 하며 또 그 돌들을 골짜기에 쏟아내리고 그 기초를 드러내며 ⁷ 그 새긴 우상들은 다 부서지고 그 음행의 값은 다 불살라지며 내가 그 목상들을 다 깨뜨리리니 그가 기생의 값으로 모았은즉 그것이 기생의 값으로 돌아가리라

제1장

모범생이 놓치기 쉬운 것
(미 1:1-7)

오늘 본문은 영상을 보듯이 그렇게 보아야 합니다. 본문에 보면 우주의 하나님께서 산들을 밟고 등장하십니다. 그 크신 하나님께서 산들을 밟으시고 등장하는데 하나님 발밑에 있는 산들이 그 앞에서 감당하지 못하고 녹아버립니다. 그 앞에 산들이 물같이 녹아 버리고 쏟아지고 있습니다.

미가는 처음부터 어떤 엄청난 광경을 우리에게 보여주고 있습니다.

그럼 지금 하나님께서 등장하시는 이유가 무엇일까요?

하나님께서 심심해서 갑자기 등장하시는 것이 아니라 지금 재판을 벌이고 있는 것입니다. 이것은 법정이 열리고 있는 장면이며, 우리 하나님께서 재판장으로서 등장을 하고 그 앞에 재판이 열리고 있는 것입니다. 그리고 증인이 등장을 하고 피고가 나옵니다.

지금 법정이 열리고 있는 이 광경 자체가 우리의 눈을 압도할 만큼 엄청나지만 이게 전부가 아닙니다. 이 광경에서 산이 녹고 그 앞에 물같이 산들이 쏟아지는 것 자체가 주는 충격이 중요한 것이 아니라 더 중요한 것이 있습니다.

2절 말씀 끝을 다시 한 번 보겠습니다.

> 성전에서 그리하실 것이니라(미 1:2).

여기서 성전이라는 말이 나옵니다. 이걸 주목해야 합니다. 3절 말씀에 또 나옵니다. 여기 높은 곳을 밟는다고 할 때, 높은 곳은 예루살렘 성전입니다. 예루살렘 성전을 밟고 서시는 것입니다.

무엇이 문제입니까?

예루살렘 성전을 심판하기 위해서 성전을 밟고 서는데 그 밑에 있는 모든 것이 전부 다 물같이 녹고 있습니다. 미가서 전체에서 가장 큰 특징은 바로 오늘 여기에서 나오고 있습니다. 미가 선지자가 처음부터 노리고 있는 목표라고 한다면 그것은 바로 남쪽에 있는 예루살렘 성전입니다.

실은 이것이 우리에게 별로 와 닿지 않을 수도 있습니다. '예루살렘 성전이 하나님의 발에 밟히고 성전이 무너지는 심판을 받는 것이 무엇이 그렇게 대단한 것이냐, 이것이 나하고 무슨 상관이냐' 하는 생각이 들 수 있습니다.

그러나 과연 이 말씀을 처음 들었던 하나님의 백성들도 오늘 우리처럼 무덤덤하게 말씀을 들을 수 있었을까요?

이 말씀을 처음 들었던 하나님의 백성들은 미가가 처음

부터 펼쳐놓는 이 엄청난 영상, 그 속에 나타나는 광경을 보면서 그들은 기절할 정도로 충격을 받습니다.

왜 그럴까요?

그것은 미가 당시까지 어느 누구도 건드릴 수 없는 것이 바로 하나님의 성전이기 때문입니다. 아무도 건드릴 수 없는 것이 하나 있었는데, 그것이 바로 하나님의 성전이었습니다.

어느 누구도 하나님의 성전을 문제 삼지 않았습니다.

왜인가요?

하나님의 성전은 거룩한 곳, 하나님께서 계시는 곳, 하나님의 이름이 그곳에 있기 때문에 하나님의 성전에 대해서 왈가왈부할 수 없었고, 그렇게 하는 사람도 없었습니다.

오늘 본문 마지막 7절에 보면 '기생의 값'이라는 표현이 있습니다. '하나님 나라 즉, 유다 전체가 기생의 값이다'라는 말입니다.

남편이 아내에게 반지를 하나 선물로 줬습니다. 그런데 부인이 반지를 열 개 끼고 있습니다. 그래서 남편이 물었습니다.

"도대체 이건 뭐요?"

부인이 대답합니다.

"이건 음행의 대가로 받은 것입니다."

그러니깐 하나님께서 보시기에 하나님 백성들의 영혼에 병균이 퍼지지 않은 것이 하나도 없는 것입니다. 거대한 하나의 기생의 값으로 존재하는 유다, 하나님 백성, 이렇게 말씀하고 있는 것입니다.

이 모든 병균이 어디서부터 나왔습니까?

성전에서 나왔다는 것입니다.

그렇기 때문에 오늘 미가가 처음 쏟아놓는 이 말씀은 그렇게 간단한 말씀이 아닙니다. 이 말씀을 처음 듣는 하나님 백성들이 받기에는 대단히 생소하고, 대단히 두렵고 엄청난 충격을 주는 말씀을 미가가 하고 있습니다.

"하나님께서 성전을 밟으시고 이 성전을 박살내기 위해서 하늘로부터 강림하고 계신다. 그래서 산들이 녹아버리고 물처럼 녹아내리고 있다."

여러분! 한 번 생각해 보십시오.

이 말씀이 왜 그렇게 충격이겠습니까?

이유는 간단합니다. 하나님의 성전이라고 하면 가장 깨끗한 곳, 그래서 한 번도 의심할 필요가 없는 곳, 가장 안전한 곳, 거룩한 곳, 아무도 거기에 대해서 이러쿵저러쿵 의심을 해 본적이 없는 바로 그곳, 적어도 하나님의 성전에 대해서만큼은 아무도 말하지 않았고 말할 수 없었고 의심을 하지 않았습니다.

그런데 미가라는 선지자가 등장해서 노리고 있는, 하나님께서 미가를 통해서 말씀하고 하나님께서 정확하게 목표물로 노리고 있는 곳이 어디인가 하면 사람들이 절대 의심하지 않았던 곳, 사람들이 가장 안전하다고 생각했던 바로 그곳, 성전이었습니다.

사람들이 한 번도 문제 삼지 않은 그것을 하나님께서는

오늘 노리고 있는 것입니다.

우리가 한 번도 의심하지 않고 한 번도 문제 삼지 않고 그냥 덮어서 오늘까지 온 그런 문제들이 다 있습니다. 그냥 덮어 놓기만 했는데, 시간이 지나고 나니까 도대체 무엇이 문제인지도 모르고 그냥 시간이 지났는데 내가 한 번도 질문하지 않은 너무나도 당연하게 생각한, 그래서 그것이 어느 순간에 습관이 되어 버린 그런 부분들이 우리 가운데 다 있습니다.

오늘 미가는 하나님 앞에 대단히 무서운 소명을 받았습니다. 한 번도 사람들이 건드리지 않은, 사람들이 한 번도 문제 삼지 않은 그것을 하나님은 오늘 기생의 값을 통해서 말씀하고 싶어 하십니다.

이 말씀을 조금 더 가져와 보십시다. 우리가 흔히 "등잔 밑이 어둡다" 이런 말을 합니다. 오늘 이 말씀이 바로 그 말씀입니다. 가장 밝을 것으로 생각하고 아무 문제가 없을 것으로 생각한 바로 그 자리가 가장 어두울 수가 있다는 것입니다.

잔병치레하는 사람들을 보고 우리는 몸이 약하다고 말을 하는데, 사실은 그렇지 않습니다. 실제로는 잔병치레하는 사람이 훨씬 더 오래 산다고 합니다. 왜냐하면, 그 사람은 늘 골골하기 때문에 늘 병원에 다닙니다. 조금만 문제가 생기면 병원에 가서 조사합니다. 그러기 때문에 다른 사람들이 보기에는 약하게 보일지 몰라도 이런 사람이 장수하는 경우가 훨씬 많습니다. 왜냐하면, 체크를 하기 때문에 그렇습니다.

반대로 겉으로 건강하게 보여서 혈색이 좋고 잔병치레 같은 것은 하지 않고 늘 힘이 남아돌아서 겨울에도 반팔을 입고 다니는 사람, 이런 사람이 한순간에 쓰러지는 사람들이 많습니다. 왜냐하면, 이런 사람들은 체크를 잘 안하기 때문입니다. 의심하지 않습니다. 한 번도 죽을 병이 있다는 생각을 해 보지 않습니다.

왜인가요?

늘 건강하다고 생각하기 때문입니다.

그래서 여기서 역설이 성립합니다. 역설적으로 건강하게 보이는 그 사람 속에 사실은 병균이 서식하기가 제일 좋은 곳이 되는 것입니다.

겉으로 보기에 반듯한 사람, 정말 아무 문제가 없을 것 같은 그런 사람이 사실은 문제가 더 많을 수 있습니다. 안심하고 아무 문제가 없으리라 생각을 했는데, 사실은 그 속에 깊게 썩어가는 병균이 더 많이 우글거리고 있다는 것이 얼마든지 가능하다는 것입니다.

필립 얀시라는 기독교 작가가 하는 말이, 본인이 어릴 때 교회에서 제일 좋아했던 형이 있었다는 것입니다. 정말 그는 모범생이었고 항상 빈틈이 없었다는 것입니다. 모든 것이 완벽했고, 그 형을 너무너무 닮고 싶었다고 합니다.

그가 성인이 되어서 오랜 시간이 지나고 나서 그 형을 만났는데, 그 형은 포르노 중독자가 되어있었습니다. 사람이 완전히 폐인이 되어버렸다는 것입니다. 그런데 필립 얀시가 언제 더 놀랐는가 하면, 이렇게 된 것이 최근에 일어난 일이 아니었다는 것을 알았을 때 였다고 합니다.

이런 중독증세가 언제부터 인가하면 학생 때, 자기가 제일 존경하고 좋아하고 닮고 싶어 하는 그때에 사실은 그 형의 속에는 이미 중독이 있었다는 것입니다. 등잔 밑이 어두웠습니다. 모범생이었는데… 사실은 그때 이미 그 속에 아무도 알지 못하는 어두움이 존재했고, 그것이 습관으로 존재했고, 습관으로 존재하다 보니깐 이미 썩어 있었다는 것입니다.

남쪽 유다 나라라고 하는 이 나라는 북쪽 이스라엘에 비하면 완전히 모범생입니다.

왜입니까?

북쪽 이스라엘은 죄에 대해서 완전히 막가파식입니다. 그런데 남쪽은 달랐습니다.

왜입니까?

남쪽 유다에는 예루살렘 성전이 있었습니다. 예루살렘 성전이 있었기 때문에 여기에는 하나님을 향한 정기적인 제사가 드려지고 있었습니다. 정상적인 예배가 있었습니다. 그러므로 남쪽 유다라고 하는 하나님 앞에서 모범생과 같은 나라가 겉으로는 아무 문제가 없는 것 같은데 실제로는 그 속이 곪아 있고, 기쁨도 없고, 감격도 없고, 우울하고, 어둡고, 시름시름 아픈 것입니다.

우리도 얼마든지 그럴 수 있습니다. 그냥 정상적으로 하루 세 끼 밥 잘 먹고 사는 것 같은데, 사실은 그곳에 영혼이

곱아갈 수 있습니다.

　유다는 남몰래 덮어온 이것이 너무너무 시간이 오래되어 버렸습니다. 그래서 도대체 어디에 문제가 있는지를 아무도 모르고 있습니다. 그런데 오늘 미가가 등장해서 아무도 손대지 않은 그것을 건드리고 있습니다. 무섭도록 냉정하게 건드리고 있습니다.

　어디에 문제가 있느냐?

　너희들이 아무 문제 없다고 생각하는 그곳이라는 것입니다. 이스라엘 백성들이 하나님 앞에서 제일 가깝다고 생각하는 바로 그 자리였습니다. 거기에서 병균이 자라고 있었고, 거기가 영적 병균의 온상이 되고 있었습니다.

　1800년대에 바이스라는 한 산부인과 의사가 있었습니다. 이 사람은 오스트리아의 비엔나의 시립병원에 근무하는 산부인과 의사였습니다. 그런데 이 사람이 돌보고 있는 병동에 산모들이 계속 사망을 하는 것입니다.

　도대체 왜 죽어 나가는 것일까?

　그런데 이 사망률이 갈수록 높아집니다. 나중에는 산모 열 명 중 한 명이 죽어 나가니, 완전히 공포의 도가니가 되어버렸습니다.

　바이스라는 의사가 이 원인을 한 번 알아보려고 백방으로 노력을 합니다. 염증이 생기면 즉시로 피를 뽑아서 검사하고, 세탁방법도 바꾸고, 식단도 다 바꾸고, 분만하는 자세까지 싹 다 바꿨습니다. 자기가 할 수 있는 모든 방법을 전부 다 동원을 합니다.

그런데 사망률이 떨어지지 않습니다. 갈수록 사망률이 더 높아지는 것입니다. 나중에 이 사람이 낙담을 해버렸습니다.

그 가운데 한 번은 바이스 의사가 다른 곳에 출장을 가게 되었습니다. 몇 달 동안 병원을 떠나있었습니다. 그런데 이 사람이 몇 달 동안 병원을 떠나있는데 사망률이 뚝뚝 떨어지는 것입니다. 사람들이 건강하게 되는 것입니다.

도대체 어디에 문제가 있었을까요?

문제는 바이스라는 의사였습니다. 이 사람이 환자를 돌보면서 연구를 하는 중에 시체 연구를 같이하고 있었는데 이 사체에서 세균이 감염되어 자기도 모르게 세균이 산모들에게 옮기는 숙주 역할을 하고 있었던 것입니다.

결국, 정말 어처구니없게도 산모들이 죽어 나가는 것이 의사 때문이었습니다. 의사가 사람을 죽이고 있었던 것입니다.

미가는 오늘 좀 당황스러운 진단을 하고 있습니다.

왜 유다가 시름시름 죽어가고 있을까?

왜 겉으로는 아무 문제 없는 모범생 같은 이 남쪽 유다가 왜 감격도 없고, 왜 기쁨도 없고, 왜 늘 우울해하며 왜 그렇게 된 것일까?

바로 유다를 살려야 될 하나님의 성전이 하나님 백성을 죽이고 있었던 것입니다.

성전이 무엇입니까?

하나님 백성을 영적으로 살리는 곳 아닙니까?

그런데 죽음의 병균이 어디에 서식하고 있었느냐?

성전에 서식하고 있었던 것입니다.

죄가 서식하기에 제일 좋은 곳이 그럼 어디일까요?

그렇습니다. 교회입니다.

죽음의 병균이 둥지를 틀기에 제일 좋은 곳이 어디일까요?

놀랍게도 교회를 오래 다닌 사람들의 영혼 속에 둥지를 틀 가능성이 매우 큽니다.

왜 그런가하면 의심을 안 합니다. 적어도 교회를 오래 다녔기 때문에, 저 사람은 저런 영화는 안 봤을 것이다. 그래서 안 물어 본 것입니다. 안 믿는 친구는 가능합니다.

왜인가요?

너나 나나 똑같으니까. 차이가 없으니까.

그런데 교회 잘 다니는 사람들은 믿어 주는 게 있습니다. 적어도 이 수준 이상은 될 것이다. 물어보지도 않고 자기도 말을 안 하면 이것이 고체화가 되어서 나중에는 위선이 되고, 결국에는 자기도 모르게 됩니다. 무엇이 문제인지 자기도 모릅니다. 위선이 어느 순간 습관이 되어 버리는 것입니다.

도둑놈이 제일 도망가기 쉬운 곳이 어디일까요?

시골 가건물요. 즉시로 잡힙니다. 경찰청장 수위로 들어가면 됩니다. 아무도 모릅니다.

사탄이 이 방법을 쓰고 있습니다. 그런데 사실 사탄이 쓰는 방법이 아니고 하나님께서 쓰시는 방법입니다.

하나님께서 하나님 나라를 세우는 위대한 믿음의 용사,

모세를 어디에서 키웁니까?

애굽의 제일 심장부에서, 그것도 바로의 왕궁에서 그것도 바로의 공주에게 그 가슴의 품에 딱 안겨 놓고, 하나님께서 기르지 않습니까?

이것을 적진 속에 알까기라고 합니다.

사탄이 이것을 배웠습니다.

그래서 사탄도 어떻게 합니까?

이것을 배워서 영적인 병균을 어디에다가 심어 놓습니까?

사람들이 제일 의심을 안 하는 그 자리에 딱 심겨 놓습니다. 그런데 이것을 누가 아는가 하면 예수님이 그것을 알고 계십니다.

예수님이 이 땅에 오셨을 때 그 당시에 종교지도자들 가슴속에 병균이 있는 것을 예수님은 알고 계셨습니다. 바리새인들이 사실은 병균을 옮기는 병균의 숙주였습니다. 예수님이 이것을 알고 뒤집어 놓으셨습니다. 오늘 미가도 마찬가지입니다. 미가도 이것을 들쑤시고 있습니다.

하나님께서 그 엄청난 영광으로 나타나셔서 가장 안전하다고 생각하는 그곳을 밟고 계십니다.

상상하지 못한 바로 그 자리에 영적인 병균이 서식했고, 이 충격적인 것을 어떻게 사람이 감당할까요. 그 밑에서 모든 것이 다 녹아내리고 있습니다.

우리가 오늘 좀 불편하지만, 질문을 한 번 해볼 필요가 있습니다.

혹시 내가 바이스 의사가 아닐까?

이것이 참 힘든 질문이지만, 오늘 말씀에 의지해서 용감하게 질문해볼 필요가 있습니다.

내가 우리 집에 가장이에요. 내가 가장이고, 내 집을 살릴 제사장인데 나 때문에 우리 가정이 죽고 있는 것은 아닙니까?

내가 그렇게 자녀를 사랑해서 자녀를 잘 키우는데 사실은 자녀들이 나 때문에 오히려 죽고 있는 것은 아닌가요?

나 때문에 오히려 우리 남편이 아내가 죽고 있는 것은 아닙니까?

놀랍게도 기독교 역사의 부흥은 항상 이런 똑같은 질문에서 시작했습니다. 그리고 위대한 인생들은 항상 이 질문을 하고서 새로워졌습니다.

우리가 잘 아는 토머스 하디라는 원산의 대부흥을 이루는데 헌신했던 선교사가 있습니다.

'조선 사람들은 왜 전도가 안 되는가 이 사람들은 근본적으로 복음하고 상관없는 사람이 아닐까?'

처음에는 그는 늘 이런 생각을 하였다고 합니다.

그런데 하나님께서 하디에게 질문을 하게 하십니다.

네가 문제가 아니냐?

가만히 보니깐 보이기 시작하는 것입니다. 이 조선 사람들을 원시인 취급하고 미개인 취급하고 무시하고 있었습니다. 사랑하는 마음이 그 속에 별로 없었습니다. 그런데 자기 속에 전도하겠다고 결심하고 또 하나님 앞에서 회개했을 때 그때부터 전도의 문이 열리기 시작했습니다.

우리가 잘 아는 길선주 장로도 마찬가지입니다. 처음에 자신의 문제가 무엇인지를 몰랐습니다. 그런데 하나님이 질문하시는 것입니다. 그러자 어느 순간에 남몰래 덮어 놓았던 것, 한 번도 문제 삼지 않고 덮어 놓았던 것, 자기 친구의 남은 유산을 자기도 모르게 훔친 것, 그것을 사람들 앞에서 터뜨려서 이야기하기 시작하는데, 가만히 보니깐 전부 다 자기가 문제라는 것입니다. 자기가 병균의 숙주였고, 자기가 병균의 온상이었던 것입니다.

오늘 미가는 우리에게 이런 질문을 하고 있습니다. 오늘 이 말씀이 이런 질문을 하게 합니다. 어쩌면 내가 하나님과 가장 가깝다고 생각하는 그 자리가 문제일 수 있습니다.

'등잔 밑이 어둡다.'

이건 영적인 진리입니다. 오늘 이 말씀을 하고 있습니다. 여러분, 문제는 먼 곳에 있지 않습니다.

1절 끝에 보면, '묵시'라고 되어있습니다. 이건 눈으로 본 것입니다. 미가가 상상하거나 묵상을 하거나 추론한 것이 아니고, 하나님께서 직접 보여주신 말씀이고, 이것은 하나님이 직접 주신 말씀이라는 것입니다. 이것을 강조하기 위해서 1장 1절부터 묵시라는 말을 쓰고 있습니다. 손에 잡히는 하나님의 말씀입니다.

유다 백성들의 죄는 하나님을 만나는 성전에서 있었습니다. 우리가 한 번도 문제 삼지 않았던 그것을 건드릴 필요가 있습니다. 우리한테 제일 가까이 있는 것을 하나님 앞에 다시 질문할 필요가 있습니다.

오늘 미가는 한 번도 손대지 않았던 한 번도 걷어내 보지 않았던, 마치 마룻바닥의 장판을 슬쩍 들추어내는데 그 장판 속에 온갖 더러운 것이 다 있습니다.

모범생 속에 죄가 서식하기가 훨씬 쉽습니다. 등잔 밑이 어두운 것입니다.

오늘 이 말씀은 우리에게 주시는 말씀입니다. 이것을 붙들어야 하겠습니다.

미가 1:8-16

⁸ 이러므로 내가 애통하며 애곡하고 벌거벗은 몸으로 행하며 들개 같이 애곡하고 타조 같이 애통하리니 ⁹ 이는 그 상처는 고칠 수 없고 그것이 유다까지도 이르고 내 백성의 성문 곧 예루살렘에도 미쳤음이니라 ¹⁰ 가드에 알리지 말며 도무지 울지 말지어다 내가 베들레아브라에서 티끌에 굴렀도다 ¹¹ 사빌 주민아 너는 벗은 몸에 수치를 무릅쓰고 나갈지어다 사아난 주민은 나오지 못하고 벧에셀이 애곡하여 너희에게 의지할 곳이 없게 하리라 ¹² 마롯 주민이 근심 중에 복을 바라니 이는 재앙이 여호와께로 말미암아 예루살렘 성문에 임함이니라 ¹³ 라기스 주민아 너는 준마에 병거를 메울지어다 라기스는 딸 시온의 죄의 근본이니 이는 이스라엘의 허물이 네게서 보였음이니라 ¹⁴ 이러므로 너는 가드모레셋에 작별하는 예물을 줄지어다 악십의 집들이 이스라엘 왕들을 속이리라 ¹⁵ 마레사 주민아 내가 장차 너를 소유할 자로 네게 이르게 하리니 이스라엘의 영광이 아둘람까지 이를 것이라 ¹⁶ 너는 네 기뻐하는 자식으로 인하여 네 머리털을 깎아 대머리 같게 할지어다 네 머리가 크게 벗어지게 하기를 독수리 같게 할지어다 이는 그들이 사로잡혀 너를 떠났음이라

제2장

영적 재건축
(미 1:8-16)

먼저 예를 들어서 본문을 설명해 보겠습니다. 건물 하나를 새로 짓고 세우는 것을 한 번 생각을 해 보십시오. 건물을 하나 세우는 일은 결코 쉽지 않습니다. 왜냐하면, 거기에는 많은 인력이 필요하고 돈이 들어가야 하고, 오랜 시간이 필요합니다. 그런데 건물을 짓는 것도 힘들지만 그것보다 더 부담스러운 일이 하나 있습니다. 그것은 건물을 허무는 비용입니다. 철거비용입니다.

허허벌판에 대규모 아파트를 짓는 것도 힘들지만 그것보다 더 힘든 것은 이미 사는 지역을 재개발하는 것입니다. 왜냐하면, 주민들의 보상 문제도 있고 또 어떤 경우에는 강제 철거의 문제도 있기 때문입니다. 법적인 문제가 얽히면 어떨 때는 집을 짓는 것보다 철거하는 비용이 훨씬 더 들 수도 있습니다. 그래서 길을 가다 보면 이런 글들이 적혀 있는 것을 볼 수 있습니다.

"죽을 수는 있어도 물러설 수는 없다."

그러한 글을 보면 '참 저 일이 얼마나 힘들까? 집을 짓는 것보다 저것을 해결하는 게 훨씬 더 힘들겠다'는 생각이 듭니다.

이 말씀을 드리는 이유는 우리의 신앙도 우리의 믿음도 똑같기 때문입니다. 이 원리는 굉장히 중요한 원리입니다. 영적인 집을 새로 짓는 것도 힘들지만, 어쩌면 영적인 재개발, 영적인 재건축은 훨씬 더 어렵습니다. 다시 말해서 처음 예수님을 믿기도 어렵지만 예수님을 계속 잘 믿어나가는 것은 훨씬 더 어렵습니다. 우리 신앙을 새롭게 바꾸고 하나님 앞에서 늘 우리를 새롭게 만들어야 하는 것이 우리의 신앙인데, 이것이 보통 어려운 일이 아닙니다. 그렇게 하려면 우리는 늘 굳어지려고 하는 성질이 있으므로 굳어진 부분들을 늘 녹여야 하고 깨뜨려야 합니다. 하지만 깨뜨리는 것이 보통 어려운 일이 아닙니다.

새로 예수님을 믿는 사람보다 어쩌면 예수님을 잘 믿도록 계속 하나님 앞에 신선하고 새롭게 되는 그 상태로 살아남는 것이 훨씬 더 어려울 수 있습니다.

교회를 오래 다녔지만, 사람이 죄인인지라 사람은 늘 굳어지려고 하는 성향이 있습니다. 마치 인절미처럼. 인절미는 그냥 바깥에 내놓으면 자동으로 굳어지게 되어있습니다. 아래에서 계속 불을 때지 않으면 이것은 바로 굳어지려고 하는 성질을 가지고 있습니다. 우리가 예수님을 믿어서 하나님 백성이 되었다해도 죄성, 죄인의 체질이라고 하는 것은 하루아침에 고쳐지지 않습니다. 천국으로 가는 자격은 한순간에 우리가 받지만 이 체질은 한순간에 바뀌지 않습니다. 그래서 우리가 예수님을 믿고 난 후에 가만히 있으면 어떻게 되는가 하면 마치 인절미처럼 즉시 굳어지게 되어있습니다. 딱딱해지게 되어있습니다. 그러므로 우리가 믿음 생활을 잘 하려면 그 굳어진 것을 계속 녹여야 하고 하나님 앞에서 깨뜨려야 합니다.

사람은 변화를 싫어합니다. 늘 하던 대로 해야 어떤 안정감을 느끼게 되어있습니다.

이건 개인적으로도 마찬가지입니다. 습관이 새로워지는 것은 굉장히 어렵습니다.

평생 담배를 피우던 사람이 교회 왔다고 해서 어느 한순간에 담배를 끊는다. 견딜 수 없습니다. 금단 현상이 나타납니다.

그래서 어떤 개척교회 하시던 목사님이 이런 이야기를 했습니다. 예배 마치고 나면 새 신자들이 옥상에서 뜨거운 교제한다고 합니다.

불 있습니까?

이러면서 뜨거운 교제를 한다는 것입니다.

말씀드린 대로 사람들은 체질적으로 변화를 거부합니다. 한 번 굳어진 것을 바꾸는 게 보통 어려운 게 아닙니다. 사람은 말씀드린 대로 계속 굳어지려고 하는 체질이 있습니다.

그래서 중국 고전에도 이런 말이 있습니다.

건국이 어려우냐?

수성이 어려우냐?

나라를 세우는 게 어려우냐?

나라를 지키는 게 어려우냐?

답은 수성이 어렵다 입니다.

수성이 어렵습니다. 우리가 영적으로 늘 싱싱하게, 하나님 앞에 굳어지지 않고 시간이 갈수록 처음 예수님을 믿을 때보다 훨씬 마음이 뜨겁게 하나님 앞에 더 일편단심으로 그렇게 되는 것이 절대로 쉬운 일이 아닙니다. 그러므로 우리가 예수님을 믿는 것도 내 힘으로 믿는 것이 아니고 믿음으로 예수님을 믿는 것입니다. 하나님을 믿는 믿음으로 우리가 하나님 백성이 되는 것입니다. 믿음으로 산다는 말은 우리의 힘으로 가능하지 않습니다. 하나님의 은혜와 능력이 끊임없이 우리 속에 일어나지 않으면 우리는 굳어지게 되어있습니다.

그런데 문제는 무엇인가 하면 하나님께서 우리에게 정확하게 바로 이것을 요구한다는 사실입니다. 믿음 생활을 오래 하면 할수록 더 신선하고 더 새로운 그런 마음을 하나님께서 우리에게 요구하신다는 것입니다. 갈수록 마음이 더 뜨거워지는 것을 요구하고, 갈수록 우리 하나님 앞에서 마음이 더 순전해지는 것을 요구하고, 시간이 갈수록 마음이 굳어져 있는 습관을 깨뜨리는 것을 요구하십니다. 그러므로 우리는 끊임없이 깨뜨려야 합니다.

이 말씀을 드린 이유는 오늘 미가라는 선지자가 지금 근본적으로 하려고 하는 것이 도대체 무엇이냐 하는 것입니다. 그것은 하나님 나라의 영적인 재건축을 하려고 하는 것입니다.

유다 나라는 남북으로 쪼개진 뒤로 벌써 200년이 흘렀습니다. 그런데 북쪽 이스라엘은 하나님 앞에서 그야말로 막가파식으로 살았지만, 남쪽은 정상적인 예배가 드려지고 있었습니다. 예루살렘에는 하나님의 성전이 있었습니다. 그래서 예루살렘에서는 정상적인 예배가 드려지고 있었습니다. 겉으로 보기에는 번듯한 예배를 제대로 드리는 것 같고 모범생으로 사는 것 같습니다. 남쪽 유다는 교회를 제대로 다닌 사람들입니다. 그러한 종교적인 분위기를 가지고 있었고 겉으로는 아무 문제가 없는 것 같습니다.

그러나 여러분, 사실은 이것이 진실이 아니었고 겉만 아무 문제 없어 보였지 사실은 그 속은 죽어 있었습니다. 그 안에는 썩어 있었던 것이 문제입니다. 그러니깐 모범생처럼 겉은 치장해 놓았는데 그 마음속에는 200년이 지나면서 벌써 마음이 돌처럼 완전히 굳어져 버렸습니다.

미가 선지자가 본문 1장 7절 끝부분에 오죽했으면 기생의 값이라는 표현을 했겠습니까?

무슨 말입니까?

겉으로는 하나님의 백성이었지만 실제로 그들 속에는 하나님이 없었다는 말입니다.

최정무 교수님이라는 분이 계십니다. 이분이 처음에는 그냥 적당히 믿음 생활을 했습니다. 그런데 이분의 아들이 마약중독에 걸렸습니다. 그때 이 교수님이 크게 깨닫고 영적으로 하나님 앞에 각성한 것이 무엇인가 하면 자신이 하나님 없이 이 세상에서 적당히 살았다는 것을 아들이 마약중독에 걸리고서야 깨달았다는 것입니다. 그러면서 본격적으로 이분이 하나님 앞에 완전히 돌아서기로 결단을 했습니다. 그리고 자기가 여태까지 살아온 삶이 다 죄 된 삶이었다는 것을 그때야 깨달은 것입니다.

자식이 마약중독에 걸려야만 이 생각을 할 수 있는 것이 바로 인간의 실존입니다.

미가 선지자가 보기에 유다 나라는 반드시 영적인 재건축을 해야 했습니다. 너무너무 오랫동안 굳어져 있고 다시 영적으로 살아나야 하는데, 이것이 미가의 사명인데 이것이 얼마나 어려운 일인지 모릅니다. 그래서 지난 시간에 말씀드린 대로 어느 누구도 건드리지 않았던 하나님의 성전을 쳐서 예언한 것입니다.

그런데 문제가 무엇인가 하면 유다가 영적으로 재건축되어서 하나님 앞에 다시 살아나는 것이 너무너무 어려운 일이었습니다. 목표는 분명히 영적인 재건축인데, 현실은 도무지 불가능해 보이는 것입니다.

오늘 본문 말씀의 핵심은 여기에 있습니다. 선지자가 애통하고 있습니다.

왜 선지자는 애통하고 있으며, 왜 선지자가 심하게 애통하고 울고 있느냐 하는 것입니다.

바로 이것 때문입니다. 영적인 재건축을 한다는 것이 어려운 일이라는 것을 선지자는 알고 있었습니다. 인간적으로는 거의 불가능해 보입니다.

"오랫동안 굳어져 있는 이것을 다시 부수고 세운다. 죽어있는 하나님 나라가 다시 그 속에서부터 영적인 생명력으로 다시 일어난다."

자기가 보기에는 현실적으로 불가능한 것입니다. 그렇게 되면 너무나 좋겠지만 인간적으로는 절망적입니다. 그러므로 여기서 선지자가 통곡하는 것입니다.

8절 말씀을 한 번 보십시오.

> 이러므로 내가 애통하며 애곡하고 벌거벗은 몸으로 행하며 들개같이 애곡하고 타조같이 애통하리니(미 1:8).

바로 이것입니다. 이 표현을 유의해서 보셔야 합니다. 굉장히 심한 표현입니다. 여기서 미가는 단순히 슬프다는 표현을 하고 있는 것이 아니라는 것을 우리가 느낄 수 있어야 합니다.

이 당시에 미가가 살고 있는 팔레스틴에 있는 모든 시청각 자료를 총동원해서 미가는 표현을 하고 있습니다.

팔레스틴 사람들이 누구나 다 알아들을 수 있는 그 표현이 무엇인가 하면 팔레스틴 광야에서 제일 처량하고 청승맞으면서 제일 듣기에 거북할 정도로 슬픈 소리가 들개 소리입니다. 아주 많이 듣기 싫고 슬픈 소리가 들개 소리였습니다.

우리에겐 이것이 잘 와 닿지 않는 그런 표현입니다. 우리

나라 사람들이 들개 소리를 들으면 아마 군침이 돌지 모르지만, 이 나라 사람들에게 있어서 광야의 들개 소리는 제일 슬프고, 기분 나쁜 소리입니다. 그리고 특히 밤에 아주 기분 나쁠 정도로 심하게 울어대는 동물이 하나 있는데, 타조입니다. 오늘 여기에 타조도 나옵니다. 아주 괴상한 소리를 내면서 울어대는데, 밤에 제일 듣기 싫은 슬픔의 소리의 대명사가 타조 소리입니다.

오늘 미가는 이것을 총동원하고 있습니다.

"들개같이 애통하고, 타조같이 애곡한다."

이렇게 표현하는 것은 슬프다는 것이 아니라, 이미 그 슬픔의 도는 지나쳐버렸다는 것입니다. 거의 이성을 잃을 정도로 거의 미친 사람처럼 하나님 앞에 몸부림치며 울고 있다. 이것을 표현하고 있는 것입니다. 문제는 왜 이렇게 심하게 우느냐 하는 것입니다.

이성을 잃은 사람처럼 왜 그렇게 심하게 울고 돌아다니느냐?

그 이유가 바로 9절 말씀에서 설명을 하고 있습니다.

> 이는 그 상처는 고칠 수 없고 그것이 유다까지도 이르고 내 백성의 성문 곧 예루살렘에도 미쳤음이니라(미 1:9).

고칠 수가 없습니다. 지금 반드시 영적으로 살아나야 하고, 영적으로 재건축이 되지 않으면 이 나라 백성들은 소망이 없는데, 고칠 수가 없는 것이 문제입니다. 자기 힘으로 안 되는 것이 문제입니다.

어떤 분이 고칠 수 없는 병의 진단을 받았습니다. 그 자리에서 옆에 있던 부모가 졸도를 해버렸습니다.

왜입니까?

고칠 수 없으니까요. 고칠 수가 없다는 것은 그만큼 절망적인 것입니다.

사람이 병이 들면 반드시 고쳐야 합니다.

그러나 내 힘으로 고칠 수가 없을 때 어떻게 하시겠습니까?

통곡할 수밖에 없습니다. 미친 사람처럼 울게 되어있습니다. 이게 바로 미가의 심정입니다. 미가는 알고 있습니다.

무엇을 알고 있습니까?

인간적으로 남쪽 유다는 그리고 북쪽 이스라엘은 이미 늦어버렸습니다. 얼마 있지 않으면 앗수르 제국이 침공해 올 것입니다. 북쪽 이스라엘은 이미 늦어버렸습니다. 남쪽은 거의 생명이 간당간당하고 있습니다. 앗수르의 침공 앞에서 북쪽은 멸망할 것입니다. 남쪽도 멸망입니다.

예를 들면 두 형제가 있는데, 형은 산소 호흡기를 이미 떼버렸습니다. 의사가 이미 포기해서 산소 호흡기를 떼버린 상태고 동생은 마지막 산소 호흡기로 생명을 간당간당 유지하고 있습니다.

도대체 이런 상태에서, 어떻게 영적인 재건축을 할 수 있단 말입니까?

그러므로 이런 상태에서 선지자가 울지 않을 수 있을까요?

심하게 통곡하지 않을 수 있을까요?

들개처럼 애곡하고 타조처럼 애통하지 않을 수 있을까요?

더 놀라운 것은 하나님 백성이 이런 상황 가운데에서도 어떻게 하고 있는가 하면 낙관을 하고 있습니다.

또 넘어가겠지?

200년 동안 그렇게 어려움을 겪으면서 넘어갔는데 이번에도 또 넘어갈 것이다.

이번에는 넘어가지 못합니다.

왜 그럴까요?

여태까지는 그래도 하나님 앞에 미안한 마음이 조금 있었습니다. 그러나 지금은 어떤 상태인가 하면 선지자가 보기에 미안한 마음 자체가 사라져버렸어요. 그래서 선지자는 들개처럼 타조처럼 미친 듯이 애통하고 있습니다.

선지자의 이 말씀을 오늘 가만히 한 번 들여다 보십시오. 가만히 들여다 보시면 이 선지자의 통곡이 과연 선지자의 통곡일까요, 선지자의 눈물일까요?

선지자의 통곡은 선지자의 통곡이 아닙니다. 이것은 하나님의 통곡이었습니다. 선지자는 하나님의 모습을 자기의 모습으로 재현하고 나타내는 역할을 하고 있을 뿐이었습니다. 다시 말해서 굳어져 있는 하나님 백성들, 그 속에 생명력은 없고 겉만 번듯하게 덮여있는 하나님 백성들, 정말 영적으로 재건축을 하고 싶은데 너무 병이 깊어서 다시 살릴 수 없을 정도로 영적으로 굳어져 있어서 그들을 향한 선지자의 절망, 통곡, 이것은 선지자의 통곡이 아닙니다. 하나님의 통곡입니다.

그러므로 우리는 오늘 이 말씀을 가만히 앞에 두면서 하나님께서 오늘 우리에게 하시는 말씀을 들을 수 있어야 합니다.

"들개처럼 애곡하고 타조처럼 애통한다."

벌거벗은 몸으로 움직이고, 정신을 잃을 정도로 하나님 앞에서 통곡한다는 이 말씀, 이것은 정확하게 하나님께서 오늘 우리에게 하시는 말씀입니다.

하나님은 정말 우리를 영적으로 재건축을 하고 싶어 하십니다. 우리 안에 끊임없이 새로워지는 심령이 하나님 앞에서 죽지 않고 늘 살아있기를 원하십니다.

오래되어서 낡고 쥐가 나오는 집을 보면 우리는 인간적으로 다 재건축하고 싶어 합니다. 견딜 수가 없죠. 영적으로도 똑같습니다. 하나님은 우리를 정말 새로워지게 만들고 싶어 하십니다. 왜냐하면, 우리를 가만히 놔두면 우리의 체질 자체가 굳어지는 체질이기 때문입니다.

정신없이 일주일을 한 번 살아보십시오. 일주일만큼 굳어지게 되어있습니다. 일주일간 기도 없이 한 번 살아보십시오. 그럼 일주일 만큼 정확하게 굳어지게 되어있습니다.

우리의 체질이 이러한데 하물며 일 년 동안 하나님 앞에 제대로 기도 생활을 못 하고 살았다고 생각을 해 보십시오.

손을 쓸 수가 있을까요?

마음이 굳어지면 하나님을 향한 마음이 식는데, 하나님 백성들이 하나님 앞에 제일 좋지 않은 죄가 하나 있습니다. 이게 바로 마음이 식는 죄입니다.

신앙이라고 하는 것은 우리가 여러 가지로 설명할 수 있지만, 일단 하나님을 향한 마음이 뜨거워지는 것입니다. 이게 신앙입니다. 신앙이라는 것은 다른 것은 다 차치하고서라도 일단 마음이 뜨거워지는 것입니다.

신앙을 정통으로 배웠고 수십 년 신앙 생활했는데, 마음이 뜨겁지 않다. 그것은 잘못된 것입니다. 우리는 그것을 죽은 정통이라고 말을 합니다.

"죽은 정통은 이단보다 더 나쁘다."

로이드 존스 목사님이 하신 말입니다. 그분은 이렇게 말씀하셨습니다.

"죽은 정통은, 다시 말해서 마음이 다 식은 가운데 형식만 가지고 하나님 앞에 믿음 생활한다는 것은 이단보다 더 나쁘다."

한 번 생각을 해 보십시오.

우리가 우리 속에 복음을 가지고 있다고 할 때 우리의 마음이 식을 수가 없습니다. 식고 싶어도 식을 수가 없습니다. 왜냐하면, 복음 자체가 예수님이 말씀하신 대로 이 자체가 새포도 주이기 때문입니다. 새포도 주는 가스가 부글부글 끓어올라서 가죽 부대를 찢어버립니다. 이것이 바로 새포도 주입니다. 새포도 주가 복음인데, 복음을 우리 가슴에 가지고 있는 사람의 마음속이 끓어오르지 않는다. 마음속이 식어있다. 죽은 정통이 되어있다. 불가능한 일입니다.

그러므로 오늘 하나님께서 이 힘든 일, 이 심각한 상태 앞에서 통곡하고 있고, 절망하고 있습니다.

그렇다면 오늘 하나님 백성들이 이런 상태에서 살길이 있을까요?

선지자의 통곡을 조금 더 들어보시면, 통곡은 8-9절로 끝나지 않고, 10-15절을 보면 아예 노래를 만들어서 부르고 있습니다. 10-15절을 보면 이것이 도대체 무슨 말인지를 이해를 할 수가 없습니다. 그래서 설명을 해야 합니다. 여기에 하나님의 메시지가 있습니다.

여러분 10-15절까지는 생소한 유다 나라의 지명들이 나오는데, 이런 도시는 망하고, 이런 도시 망하고, 전부 다 망했습니다. 그런데 이게 지금 어떤 방식인가 하면 여기에 있는 지명들은 뜻이 있습니다. 그 지명 속에 가지고 있는 뜻을 이 선지자가 비꼬아서 하는 이야기입니다.

무슨 이야기냐 하면 이 지명 속에 담겨있는 뜻을 비꼬아서 그것을 가지고 통곡을 하고 있는 것입니다.

한 번 보십시오. 10절에 "가드에 고하지 말며, 도무지 호곡하지 말지어다." 이 가드는 이방 지명인데, 유명한 속담이 그 속에 있습니다. 옛날 사울 왕이 죽을 때 다윗이 가슴 아프게 노래했는데 이방인 가드에게 고하지 말라. 이방 땅 가드에게 이 사실을 고하지 말라 한 것입니다.

왜죠?

굉장히 슬프기 때문입니다.

가드에 고하지 말라는 이 말을 하는 이유가 무엇인가 하면 그런 슬픔이 다시 재현될 것이기 때문입니다.

베들레아브라는 먼지의 집이라는 뜻입니다. 정말로 먼지

의 집이 되어서 먼지 속에 뒹굴 것이다. 그 속에 있는 뜻을 가지고 비꼬고 있습니다.

여러분 11절 말씀입니다.

> 사빌 주민아 너는 벗은 몸에 수치를 무릅쓰고 나갈지어다 (미 1:11).

사빌은 아름답다는 뜻입니다. 아름다운 곳이 더 이상 아름답지 못할 것이다. 어떻게 보면 조금 말을 장난스럽게 바꾸는 것 같습니다.

사아난 주민은 나오지 못하고, 이 사아난은 나온다는 뜻입니다. 나오는 곳이 나오지 못한다. 비꼬아서 통곡의 노래를 하고 있는 것입니다.

벧에셀은 뿌리라는 뜻입니다. 뿌리가 뿌리째 흔들릴 것이다라는 것입니다.

12-13절 말씀도 마찬가지입니다. 여기 예루살렘 코앞에 있는 두 성이 나옵니다. 마롯과 라기스가 나옵니다.

> 마롯 주민이 근심 중에 복을 바라니 이는 재앙이 여호와께로 말미암아 예루살렘 성문에 임함이니라 라기스 주민아 너는 준마에 병거를 메울지어다 라기스는 딸 시온의 죄의 근본이니 이는 이스라엘의 허물이 네게서 보였음이니라 (미 1:12-13).

마롯이 근심이라는 뜻입니다. 근심의 도시가 진짜 근심하게 될 것이다는 것입니다.

라기스는 준마라는 뜻입니다. 준마라는 곳이 준마를 타고 도망치게 될 것이다. 여러분 다 이런 식입니다. 그 지명 속에 담겨있는 뜻을 비꼬아서 이걸 통곡의 노래로 바꾸는 것입니다.

왜 이런 식으로 하는 것일까요?

왜 하나님의 백성들에게 그 지명 속에 담긴 것을 비꼬아서 통곡의 노래로 만들어서 사람들에게 가르쳐주는 이유가 무엇일까요?

다른 것이 아닙니다. 깊이 새겨놓는 것입니다.

우리가 통곡의 노래를 가르쳐주면 잊지를 않습니다. 여기에 아주 중요한 원리가 있습니다.

하나님의 통곡하는 마음이 얼마나 깊은가?

그것을 노래를 통해서 하나님의 마음을 사람들 속에 새겨놓는 것입니다.

여기에 왜 중요한 원리가 있는 것일까요?

바로 여기에 역설이 있습니다. 이 통곡 속에 무엇이 있는가 하면 희망이 있습니다. 이 통곡 속에 살길이 있습니다.

이것을 가장 결정적으로 잘 이해하기 위해서는 16절 말씀을 한 번 보십시오.

> 너는 네 기뻐하는 자식으로 인하여 네 머리털을 깎아 대머리 같게 할지어다 네 머리가 크게 벗어지게 하기를 독수

리 같게 할지어다 이는 그들이 사로잡혀 너를 떠났음이라 (미 1:16).

"머리털을 깎아."

이것을 잘 보십시오. 이게 무엇인가 하면 여기 희망의 길이 있는 것입니다.

이스라엘 백성들은 제일 슬픈 순간에 머리를 밀고 슬피 우는 습관이 있습니다. 미가가 제시하는 길이 바로 이것입니다. 미가가 보기에 이 백성들은 영적인 재건축을 할 가능성이 없어 보입니다.

왜죠?

너무 그 속에 오랫동안 영적으로 메말라 있었기 때문에 그 속에 다시 영적인 불길이 일어난다는 것이 너무너무 어렵고 불가능해 보입니다. 그러나 그래도 길이 있다는 것입니다. 하나님께서 미가에게 가르쳐 주신 길입니다.

어떤 길입니까?

너희들이 장차 얼마 있지 않으면 다 포로가 되어서 끌려갈 때 그때 너희들은 통곡하고 울게 될 것이라는 말입니다.

그럼 어떻게 하라는 것입니까?

장차 울게 될 그 눈물을 지금 울라는 것입니다. 그 눈물을 지금 흘리라는 것입니다. 그때 가서 땅을 치며 통곡하는 그 통곡을 그때 하지 말고, 지금 하라는 것입니다. 그 통곡을 지금 하면 길이 있습니다. 미리 흘릴 눈물을 지금 현재 흘리면 괜찮은 것입니다. 여기에 길이 있습니다. 역설입니다. 하나님의 큰 고통의 마음을 드러내는데 통곡의 눈물이 사용되었는데, 그러나 사실은 이 통곡의 눈물이 살길을 가르쳐주는 새로운 하나의 희망으로 여기서 말씀하고 있습니다.

그러기 때문에 10-15절에 있는 통곡의 노래, 이 이상한 노래를 배워야 하는 이유가 여기에 있습니다. 그 지명 속에 담겨있는 뜻을 비꼬아서 통곡스러운 눈물을 흘려야 하는 이유가 무엇인가 하면 여기에 살길이 있다는 것입니다.

하나님 앞에서 땅을 치면서 눈물을 흘릴 때 사실은 이것이 살아날 수 있는 유일한 길입니다.

여기에 길이 있습니다.

하나님 앞에서 우는 것입니다.

길은 쉬운 곳에 있습니다. 미리 흘릴 눈물을 현재에 그것을 당겨와서 하나님 앞에서 울 수 있다면 이 불가능해 보이는 하나님 백성이 다시 살아날 수 있다는 것입니다.

정말 길이 없이 답답한 선지자는 그래서 절망을 했는데, 그래서 하나님 앞에서 통곡하고 울었는데, 놀랍게도 그 눈물 속에 길이 있었던 것입니다.

하나님 앞에 울면 살 수 있습니다. 여기에 비밀이 있습니다. 애통하는 자는 복이 있나니, 저희가 위로를 받을 것이라. 하나님 앞에 울면 그때 어떻게 되는가 하면, 우리 안에 아주 인권한 영적인 철조망이 우리 가운데 쳐지게 되어있습니다. 여기에 살길이 있는 것입니다. 아무리 하나님 앞에서 절망적으로 보이고 아무리 하나님 앞에서 불가능해 보이는 사람도 하나님 앞에서 통곡의 눈물을 배워서 흘릴 수만 있다면 그 사람은 살 수 있습니다.

왜 그렇습니까?

하나님께서 이길 수 없어 하시는 강적이 있습니다. 하나님도 이길 수 없는 강적이 있어요.

누구입니까?

하나님 앞에서 우는 사람입니다.

자식이 아무리 잘못해도 울면 일단 부모의 마음이 녹아 버립니다.

저도 마찬가지입니다. 제 아이가 못된 짓을 해서 미운데, 그냥 그 앞에서 훌쩍훌쩍 거리면서 눈물을 닦고 울면 전부 다 잊어버립니다. 그리고 그냥 안아 줍니다.

여러분, 애들이 우는데 부모가 눈도 깜짝 안 한다?

부모도 아니죠. 여러분 여기에 참 큰 능력이 있습니다.

이런 말이 있습니다.

사람이 이 땅에서 배우는 최초의 언어가 무엇인가?

눈물이다. 가장 단순한 언어가 눈물이다.

가장 정직한 언어가 무엇인가?

눈물이다.

가장 명확한 언어가 무엇인가?

눈물이다.

미가 선지자의 애통함은 하나님의 고통을 우리 가운데 드러내는 역할도 있지만, 사실은 이 속에 길이 있습니다. 어떻게 하든지 하나님 앞에서 이 모습으로 설 수만 있다면 우리는 하나님 앞에서 살 수 있습니다.

아무리 봐도 기회가 없을 것 같아서 선지자가 통곡했는데, 사실은 그 통곡 속에 길이 있었습니다. 미가의 소명은 영적인 재건축입니다. 하나님은 우리를 너무너무 새롭게 만들고 싶어서 하십니다.

오늘 이 말씀을 기억하십시오. 우리 하나님께서 우리 안에 영적으로 새롭게 하시기를 원하신다는 생각이 들 때마다 이 미가서 1장에 있는 선지자의 통곡을 기억하십시오. 이 속에 희망이 있습니다. 어렵지 않습니다. 하나님 앞에서 눈물 흘리는 것, 제일 단순한 것, 제일 쉬운 것, 제일 명확한 것, 하나님께서 거기에 살길이 있다고 말씀하시고 미래에 애통해야 할 눈물을 지금 당겨올 때 그곳에 아무리 고통스러운 현실 속에 있는 하나님 백성들도 그 속에 길이 보이게 될 것이다. 우리 주님께서 보여주시는 해법입니다.

미가 2:1-5

¹ 그들이 침상에서 죄를 꾀하며 악을 꾸미고 날이 밝으면 그 손에 힘이 있으므로 그것을 행하는 자는 화 있을진저 ² 밭들을 탐하여 빼앗고 집들을 탐하여 차지하니 그들이 남자와 그의 집과 사람과 그의 산업을 강탈하도다 ³ 그러므로 여호와의 말씀에 내가 이 족속에게 재앙을 계획하나니 너희의 목이 이에서 벗어나지 못할 것이요 또한 교만하게 다니지 못할 것이라 이는 재앙의 때임이라 하셨느니라 ⁴ 그 때에 너희를 조롱하는 시를 지으며 슬픈 노래를 불러 이르기를 우리가 온전히 망하게 되었도다 그가 내 백성의 산업을 옮겨 내게서 떠나게 하시며 우리 밭을 나누어 패역자에게 주시는도다 하리니 ⁵ 그러므로 여호와의 회중에서 분깃에 줄을 댈 자가 너희 중에 하나도 없으리라

제3장

절대적인 자신감
(미 2:1-5)

북한에서 탈북한 한 여자 전도사님이 계십니다. 함경도 청진에서 젊은 나이에 교수가 되었습니다. 그런데 90년대 말에 전염병이 북한을 휩쓰는 가운데 온 가족이 전염병에 고생하는 일이 생기게 되었고 이렇게 되자, 교수 월급으로도 살 수가 없어서 교수의 신분으로 중국에 돈을 벌기 위해서 탈북했습니다.

중국에서 기독교인을 만나게 되었는데 이분이 북한에서 어릴 때부터 기독교 목사는 사람을 예배당으로 유혹해서 사람의 피도 뽑고 살도 잘라서 인체실험을 하는 세상에서 가장 악독한 야만인이라고 교육을 받았습니다.

그래서 마음이 열리지 않는 가운데 어쩔 수 없이 교회의 도움을 받으면서 기독교를 접하게 되었는데, 너무나도 자기를 헌신적으로 돌봐주는 이 사람들 때문에 마음이 열리고 감동을 해서 예수님을 믿게 되었습니다.

그러나 그 속에 사실 진정한 믿음은 없었던 것 같습니다. 그러다가 2002년도 6월이었습니다. 남한으로 들어오려고 중국 대련공항에서 수속을 하는 중에 그만 중국 공안에 붙잡혀서 북한으로 압송되게 됩니다.

그는 이제 죽을 일만 남았습니다. 정말 앞이 캄캄하고 끔찍한 그 일이 자기 앞에 오게 될 것입니다. 이 과정에서 자기 귀로 듣던 그 하나님 앞에 죽을 힘을 다해서 아주 절박한 심정으로 기도를 하게 되는데, 특별한 기적이 없는 한 이 여인은 반드시 고통을 받으면서 죽게 될 처지였습니다.

그런데 말 그대로 기적이 일어났습니다. 북한에 도착해서 수용소에서 자기를 맡아서 조사하던 경찰 고위 간부가 보증을 서서 감옥에서 풀어주더라는 것입니다. 생면부지에 전혀 알지 못하는 이 경찰 간부가 왜 자기에게 보증을 서서 풀어주었는지 전혀 알 길이 없었습니다. 나중에 알게 된 것은 이 경찰 간부가 예수님을 믿는 사람이었는데, 이 사람이 예수님을 믿는 과정이 기가 막힌 사연이 있었습니다.

이 북한 경찰은 탈북한 사람들, 특별히 예수님을 믿는 사람들을 심문하고 고문을 해서 재판에 넘겨서 사형을 시키는 전문가였습니다. 그런데 어느 날, 한 청년이 중국에서 잡혀 와서 이 사람 앞에서 고문을 받고 심문을 받는데, 이 청년이 극심한 고문을 받으면서 바로 자기 앞에 있는 이 경찰 간부에게 열정적으로 전도를 하더라는 것입니다. 때리고 고문을 해도 전혀 아랑곳하지 않고, 자기가 믿는 하나님을 소개합니다. 나중에는 이 경찰이 이 젊은이가 하도 보기에 가소로워서 그래, 네가 믿는 하나님을 시간을 줄 테니까 한 번 이야기해 보라고 했다고 합니다.

사실은 조롱할 마음을 가지고 시간을 준 것인데, 이때부터 이 청년이 구약과 신약을 줄줄 외면서 막힘없이 설교하더라는 것입니다. 그런데 놀라운 것은 이 설교가 이 경찰 마음속에 파고들어 가기 시작했습니다. 충격을 받기 시작했습니다.

결국 이 청년은 재판에 넘겨졌고 재판정에서도 하도 전도를 하는 바람에 재판도 끝나지 못하고 즉시 처형이 돼버렸습니다. 총살을 당했습니다.

그리고 난 뒤에 이 경찰 간부 앞에 있는 탈북자들 몇 사람을 심문하는 과정에서 드디어 그 사람 마음속에 확신을 가지기 시작했습니다.

자기가 들었던 그 죽어가는 청년이 성경을 줄줄 외면서 했던 그 설교를 이 경찰 간부가 마음에 충격으로 받은 그 상태에서 몇 사람의 탈북자를 심문하는 과정에서 예수님을 믿는 사람과 대화를 하기 시작했고, 결국에는 마음속에 남아있는 그 메시지 때문에 혼자서 예수님을 믿겠노라고 결심을 해 버렸습니다. 그리고 나서 자기 손으로 죽인 그 청년을 생각하면서 깊이 회개를 하기 시작했습니다. 자기 앞에 오는 예수님을 믿는 사람을 보증해서 살려주기로 한 것입니다.

복음의 능력이라는 말을 생각해 봅시다.

바로 이 경찰 간부가 느낀 복음의 능력이라는 것이 도대체 무엇일까요?

그것은 죽음의 상황에서 전혀 흔들리지 않는 말할 수 없는 내적인 확신이었을 것입니다. 평안이었을 것입니다.

저 젊은이 속에 꽉 채우고 있는 무언가 어떤 만족감인데 이것이 이 세상에서는 구경할 수 없었던 하늘의 만족감이고, 어떤 자신감인데 절대적인 자신감입니다.

그리고 그 속에 말할 수 없는 부요함이었습니다. 지금 눈앞에 있는 상황은 비참하기 그지없습니다. 정말 말 그대로 개처럼 취급이 되고 얼마 있지 않으면 총살을 당할 것입니다. 그러나 그 청년에게서 뿜어져 나오는 그 무언가가 있는데, 그것은 비참함과는 아무 상관이 없는, 정말 이 세상에서는 볼 수 없는 어떤 만족감이 그에게 있고 그리고 어떤 여유로움이 그 속을 꽉 채우고 있는 것입니다. 부요함이 그 속에 있는 것입니다.

오히려 고문하고 죽이려고 하는 자기는 그 사람 앞에서 초라하고 작아 보이고 반대로 개처럼 맞아서 죽어가는 저 사람이 오히려 커 보이고 대단해 보이는 이 이해할 수 없는 현상, 이것이 바로 복음의 능력입니다.

한 사람이 예수님을 만나고 난 뒤에 그의 인생에 나타나는 첫 번째, 아니 가장 큰 특징이 있다고 한다면 그것이 무엇일까요?

한마디로 말하면 목마르지가 않습니다. 자기 안에 엄청난 부유함이 있습니다. 사람들이 전혀 알 수 없는 만족감이 그 속을 꽉 채우고 있습니다. 예수님 말씀하신 그대로 영원히 목마르지 않은 생수라고 하는 그 생수가 무엇인지 이해가 되기 시작합니다.

"여호와는 나의 목자시니 내가 부족함이 없으리로다."

영어 성경으로 다시 번역하면, "여호와는 나의 목자시니 나에게 필요한 모든 것을 다 가진 사람입니다."

하나님을 만나기 전에는 이 만족감이라는 것이 없습니다. 좋은 의미에서가 아니라, 나쁜 의미에서 항상 부족함을 느꼈습니다. 자신감이라는 것이 없습니다. 그 자신감이라는 것은 항상 상대적인 자신감이고 무언가 자기보다 상대적으로 뛰어난 그 앞에서는 항상 기가 죽고 또 다른 열등감으로 나타나기 시작하는 것입니다.

하나님이 없는 인생의 그 밑바닥에 있는 근본적인 정서, 기본적인 정서가 무엇일까요?

그것은 바로 불안과 초조함입니다.

사람들 앞에 약간 자신감을 느끼는 것 같지만 중요한 것은 절대적인 자신감이라는 것은 없습니다. 절대적인 자신감이라고 하는 것은 내 조건하고 상관이 없습니다. 내 외모하고도 상관이 없습니다. 가정형편하고도 상관이 없습니다.

어떤 자리에 가서도 위축되지 않는 자신감이 있습니다. 이것이 바로 절대적인 자신감입니다.

이 절대적인 자신감은 하나님을 만난 사람들만이 가질 수 있습니다. 예수님 안에서 거듭난 사람들만 가질 수 있습니다.

왜 그럴까요?

절대자 되시는 하나님께서 죄인인 우리를 있는 그대로 받으신다는 이 확신 때문에 그렇습니다.

우주의 왕이 우리를 있는 그대로 받으셨는데, 누가 나에 대해서 이런 저런 말을 할 수 있단 말입니까?

하나님이 받으셨는데, 도대체 어떤 사람이 나에 대해서 근본적으로 이런저런 말을 할 수 있습니까?

하나님이 안 받으시고 거절하시고 물리치셨다면 다른 사람이 말을 할 수 있겠죠. 그런데 하나님이 받으셨단 말입니다.

절대자가 받으시고, 왕이 우리를 있는 그대로 받으셨는데, 도대체 누가 우리에 대해서 근본적인 말을 할 수 있습니까?

바로 이 자신감 때문 입니다.

예수님을 만난 천하에 못된 삭개오를 보십시오. 예수님이 그를 받으시고 나니깐 그 속에 사람에 대한 열등감의 눈길이 다 사라져버렸습니다.

"주여, 보시옵소서! 내 소유의 절반을 가난한 자에게 주겠사 오며, 만약 뉘 것을 도적질했으면 네 배나 갚겠습니다."

빛의 아들입니다. 자신의 창고를 다 열고 있습니다.

남편을 다섯 바꾼 부끄러운 여자, 사마리아 여자, 어둠의 여자. 그가 하나님의 아들을 만난 뒤에 사람들 앞에 고개를 들고 내가 만난 이 사람을 당신들도 만나십시오 하고 전합니다.

바울의 고백을 들어보십시오.

고린도후서 6장 10절 말씀입니다.

> 근심하는 자 같으나 항상 기뻐하고 가난한 자 같으나 많은 사람을 부요하게 하고 아무것도 없는 자 같으나 모든 것을 가진 자로다(고후 6:10).

절대적인 자신감입니다. 왕이신 그가 나를 받아주셨다면 우리는 하나님의 소유가 된 것이고, 반대로 하나님은 우리의 소유가 된 것입니다. 우리는 하나님을 소유한 것이고 영원을 보장을 받은 것입니다.

"아무것도 없는 자 같으나 모든 것을 가진 자로다."

이렇게 되고 나면 우리 가운데 나타나는 큰 특징이 하나 있습니다.

시소를 다 타보셨습니까?

하나가 높아지면 반드시 상대방은 낮아지게 되어있습니다. 우리가 하늘의 만족감으로 충만해지고 나면 반드시 반대급부가 하나 있습니다. 그것이 무엇인가 하면, 집착이라는 것이 없습니다. 예수님을 만나고 나서 하늘의 만족감으로 충만해지고 나면 집착이라는 것이 없어져 버립니다.

옛날에는 돈에 집착했습니다. 옛날에는 좋은 집에 집착했습니다. 그런데 하나님을 만나고 나니까 이 집착이라는 현상이 없습니다.

우리 안에 하나님의 은혜로 충만해지고 자유함으로 충만해지면 반대급부로 반드시 이 집착이 하나씩 하나씩 사라지기 시작합니다.

오늘 미가 선지자가 하나님 백성들을 향하여 고발하는 메시지는 바로 이것입니다. 오늘 미가가 말하는 것은 하나님 백성들의 전체적인 영적인 상태를 고발하는 것입니다.

그것이 무엇이냐?

하나님 백성들만이 가질 수 있는 하늘의 만족감, 절대적인 자신감 이것이 빠져 있다는 것입니다.

이것이 빠지면 하나님 백성들은 껍데기가 되고 이것이 빠지면 집착 현상이 나타나게 되고 불안과 초조가 나타나게 되어있습니다.

1절 말씀을 보십시오.

> 그들이 침상에서 죄를 꾀하며 악을 꾸미고 날이 밝으면 그 손에 힘이 있으므로 그것을 행하는 자는 화 있을진저(미 2:1).

침상에서 죄를 꾀하는 것이 무엇일까요?

침대에서 잠을 못 자는 것입니다.

왜인가요?

그의 마음을 사로잡은 것이 있습니다.

잠을 못 자 보셨습니까?

무언가 마음을 꽉 사로 잡은 것이 있으면 잠이 안 옵니다. 침상에서 밤새도록 생각하는 게 무엇인가 하면, 근심 때문이 아니고, 집착 때문입니다. 욕망 때문입니다. 가령 어떤 옷을 사야만 직성이 풀리는 사람이 있으면 밤새도록 그 옷을 생각하는 것입니다.

현금으로 살까?

카드로 긁을까?

침상에서 악을 꾀해요.

그런데 유다 백성들에게 있어서 옷 사는 문제면 심각하지 않을 수 있습니다. 문제는 옷이 문제가 아니고, 2절에 보시면 땅이 문제입니다.

> 밭들을 탐하여 빼앗고 집들을 탐하여 차지하니 그들이 남자와 그의 집과 사람과 그의 산업을 강탈하도다(미 2:2).

그들이 잠을 자지 못하고 밤새도록 사로잡혀 있었던 것이 땅이었습니다. 이스라엘 안에는 이 세상 어느 곳에도 없는 하나님 백성만이 가지고 있는 특별법이 있습니다.

그 특별법이 무엇이냐?

절대로 땅을 노려서는 안 됩니다. 이스라엘 안에서의 땅은 하나님의 소유입니다. 하나님의 소유이기 때문에 누구든지 임대를 해서 사용을 해서 돌려드리는 것이지 소유할 수는 없습니다. 하나님께서 땅에 대해서는 선을 그어놓았습니다. 절대로 넘어서는 안 되는 것이 바로 땅이었습니다.

그런데 하나님께서 넘지 말라고 한 선을 넘어서, 그것도 잠을 자지 못하고 밤새도록 사로잡혀서 고민하고 있습니다.

이 1, 2절 말씀을 통해서 우리는 이스라엘 사회가 도대체 어떤 사회인지를 전체를 한꺼번에 다 볼 수 있습니다. 지칠 줄 모르는 욕망, 지칠 줄 모르는 집착, 한마디로 그들은 껍데기였습니다. 진짜로 중요한 알맹이가 만약 그들 속에 있었다면 그들에게는 이런 집착 현상이 나타나지 않습니다. 불안 현상이 나타나지 않습니다. 알맹이가 빠지니까 나타나는 것입니다.

다시 말하면 복음으로 인한 만족감, 복음으로 인한 부요함, 하나님 백성들만이 가질 수 있는 절대적인 자신감, 자유함, 이것을 잃어버릴 때 나타나는 특징은 불안과 초조함과 집착이었습니다.

미가 선지자가 하고 싶은 말은 이런 말씀입니다. 이럴 수는 없다는 것입니다. 진정한 하나님 백성들이라면 이럴 수 없다는 것입니다.

하나님이 주시는 하늘의 만족감이 우리 안에 없으면 우리는 반드시 반드시 세상에 집착하게 되어있습니다. 반드시 불안하게 되어있습니다.

유다 백성들은 이것들에 사로잡혔습니다. 잠을 못 잘 정도로 사로잡혀 있습니다. 지칠 줄도 모르고 사로잡혀 있습니다.

미가 선지자가 말씀하는 유다의 영적인 개혁은 대단히 근본적이고, 대단히 쉬운 것입니다.

하나님 앞으로 다시 돌아오라는 것입니다.

그래서 무얼 회복하느냐?

공안 앞에서도 흔들리지 않았던 마음속에 있는 말할 수 없는 평안함, 말할 수 없는 자유함, 하늘이 주는 본질적인 만족감 그것으로 돌아오자는 말씀입니다.

여러분! 오늘 우리 자신을 한 번 돌아봅시다.

우리 안에 이 자신감이 있습니까?

북한 경찰 간부를 두렵게 만들었던 그 만족감과 부요함이 우리 속에 있습니까?

알맹이가 우리 속에 살아있습니까?

아니면 그 만족감이 없으므로 유다 백성들에게 나타나는 그 현상, 불안과 초조함에 빠져 있는 그런 상태에 있지는 않습니까?

하나님께서 우리를 사랑하신다고 할 때 우리가 하나님의 사랑에 대해서 배신이라고 하는 것은 두 종류가 있습니다.

한 영화에서 이런 대사가 있었습니다.

"여자 주인공이 남자한테 이런 말을 했습니다. 나는 당신을 사랑합니다. 당신이 나를 버리고 딴 여자를 만나는 것도 배신이지만 내가 당신을 사랑하는 것을 알면서도 불안해하고 슬퍼하는 것이 또한 배신입니다."

참 영적으로 깊은 말씀입니다.

두 종류의 배신이 여기 나오고 있습니다.

상대방을 완전히 차버리는 것도 물론 배신이지만 그것만큼 또 어떤 배신이냐?

상대방의 사랑을 알고 있음에도 불구하고 그 안에서 만족할 수 없고 여전히 불안하고 슬퍼하는 상태에 있는 것, 이것도 배신이라는 것입니다.

유다 백성들은 하나님의 사랑의 배신자들이었습니다. 오늘 우리가 하나님의 사랑 안에 있는 것을 알고 있음에도 불구하고 우리 속에 끊임없이 만족감을 느끼지 못하고 불안

하고 초조해하며 그래서 잠을 자지 못하고 밤새도록 사로 잡혀 있으면 우리는 하나님의 사랑에 대한 배신자라고 할 수 있습니다.

마더 테레사 수녀가 생전에 수녀들을 뽑을 때 선발기준이 있었다고 합니다.

첫째, 잘 웃어야 한다.
둘째, 잘 먹어야 한다.
셋째, 잘 자야 한다.
잘 잔다는 것이 무엇일까요?

밤새도록 침상에서 잠을 못 자는 사람은 문제가 있다는 것입니다. 만약 그가 정말 하나님이 주시는 본질적인 만족감에 사로잡혀 있는 사람이라면 그럴 수가 없다는 것입니다.

> 없는 자 같으나 모든 것을 가진 자요, 근심하는자 같으나 항상 기뻐하며 무명한자 같으나 유명한자요. 죽은 자 같으나 다른 사람을 살리고, 가난한 자 같으나 많은 사람을 부요하게 하는 자라(고후 6:9-10).

오늘 하늘의 만족감과 자신감은 우리가 함께하는 이 예배시간 속에 살아있어야 합니다. 불안이 비집고 들어올 수 있는 틈이 없어야 합니다. 이것이 능력입니다.

유다 사회는 이 능력이 쏙 빠져버렸습니다. 이 알맹이가 빠지고 이 만족감이 없어진 껍데기가 되어있을 때 하나님께서 이들에게 세 가지의 경고를 하십니다.

첫째, 3절 말씀입니다.

> 그러므로 여호와의 말씀에 내가 이 족속에게 재앙을 계획하나니 너희의 목이 이에서 벗어나지 못할 것이요 또한 교만하게 다니지 못할 것이라 이는 재앙의 때임이라 하셨느니라(미 2:3).

"목이 이에서 벗어나지 못할 것이요."
이것이 무슨 뜻일까요?
목이 이에서 벗어나지 못한다는 것은 쉽게 말하면 노예가 된다는 말입니다. 다시 말하면 영적인 껍데기가 되어서 미친 듯이 인생을 달리면 결국 자기 욕심의 노예가 됩니다. 세상의 노예가 됩니다.
처음부터 노예가 되고 싶은 사람은 한 사람도 없습니다. 그런데 오히려 열심히 살면 살수록 나타나는 결과는 거꾸로라고 말씀하고 있습니다. 세상의 정신에 사로잡히면 오히려 세상의 노예가 되게 되어있습니다.
그러면 자유인이 되는 길은 무엇일까요?
하나님께 사로잡히는 길 외에는 없습니다. 하나님께 붙들려야만 세상의 노예가 되지 않는다는 것입니다.

둘째, 4절 말씀입니다.

> 그 때에 너희를 조롱하는 시를 지으며 슬픈 노래를 불러 이르기를 우리가 온전히 망하게 되었도다 그가 내 백성의 산업을 옮겨 내게서 떠나게 하시며 우리 밭을 나누어 패역 자에게 주시는도다 하리니(미 2:4).

"패역 자에게 주신다."

이게 무슨 뜻일까요?

이건 쉽게 말하면 깡패입니다. 하나님 백성들이 비웃음거리가 된다는 것입니다. 깡패들에게 너희들이 고통을 당한다는 것입니다.

한마디로 말하면 정말 천한 존재가 된다는 것입니다. 사람에게 천한 존재가 되면 안 됩니다.

순교하는 북한 청년이 절대 천하지 않았습니다. 존귀합니다. 존귀하고 그는 높았고 대단해 보였습니다.

누가 천하게 되느냐?

유다 백성들입니다. 하늘의 만족감과 자신감을 잃어버리고 정신없이 자기 욕심대로 밤에 잠도 자지 못하고 달리는, 그는 돈이 있어도 천하게 될 것입니다.

셋째, 5절 말씀입니다.

> 그러므로 여호와의 회중에서 분깃에 줄을 댈 자가 너희 중에 하나도 없으리라(미 2:5).

이것은 하나님 백성들이 하나님의 유업을 받을 때, 분배를 받을 때를 말합니다. 다시 말해서 분깃에 줄을 댈 자가 없다는 것은 하나님의 유업을 받지 못한다는 것입니다.

하늘의 만족감을 잃어버리고 욕심대로 달려가는 인생, 그에게 하늘의 보장은 하나도 없다는 것입니다.

오늘 성경은 세 가지 경고를 하고 있습니다.

첫째, 노예가 되게 되어있다.
둘째, 천하게 되어있다.
셋째, 하나님께서 아무런 보장을 해 주지 않는다.

미가 선지자가 들려주는 이 말씀은 능력 있는 말씀이고 이스라엘의 영적인 상태가 다 보이는 말씀으로 우리에게 도전을 주고 있습니다.

오늘 우리 안에 능력을 회복합시다. 이 능력은 다른 것이 아니라, 하나님이 우리에게 주시는 하늘의 자신감입니다. 영원히 목마르지 않은 생수가 우리 속에 터져 나오는 것입니다.

"예수 안에 있으면 정말 나는 부족한 것이 없다."

이 고백이 우리 가운데 터져 나오는 것입니다.

이 자신감 때문에 밤에 침상에서 잠을 못 자고 고민하는 사람들이 아니고, 주께서 사랑하시는 자에게 잠을 주시는 것처럼 편하게 잠을 잘 수 있는 것입니다. 말할 수 없이 편안하고 말할 수 없이 마음속에 안정감이 넘치는 이것이 하나님 백성이라고 우리에게 말씀하고 있습니다.

미가 2:6-13

⁶ 그들이 말하기를 너희는 예언하지 말라 이것은 예언할 것이 아니거늘 욕하는 말을 그치지 아니한다 하는도다 ⁷ 너희 야곱의 족속아 어찌 이르기를 여호와의 영이 성급하시다 하겠느냐 그의 행위가 이러하시다 하겠느냐 나의 말이 정직하게 행하는 자에게 유익하지 아니하냐 ⁸ 근래에 내 백성이 원수 같이 일어나서 전쟁을 피하여 평안히 지나가는 자들의 의복에서 겉옷을 벗기며 ⁹ 내 백성의 부녀들을 그들의 즐거운 집에서 쫓아내고 그들의 어린 자녀에게서 나의 영광을 영원히 빼앗는도다 ¹⁰ 이것은 너희가 쉴 곳이 아니니 일어나 떠날지어다 이는 그것이 이미 더러워졌음이니라 그런즉 반드시 멸하리니 그 멸망이 크리라 ¹¹ 사람이 만일 허망하게 행하며 거짓말로 이르기를 내가 포도주와 독주에 대하여 네게 예언하리라 할 것 같으면 그 사람이 이 백성의 선지자가 되리로다 ¹² 야곱아 내가 반드시 너희 무리를 다 모으며 내가 반드시 이스라엘의 남은 자를 모으고 그들을 한 처소에 두기를 보스라의 양 떼 같이 하며 초장의 양 떼 같이 하리니 사람들이 크게 떠들 것이며 ¹³ 길을 여는 자가 그들 앞에 올라가고 그들은 길을 열어 성문에 이르러서는 그리로 나갈 것이며 그들의 왕이 앞서 가며 여호와께서는 선두로 가시리라

제4장

마지막을 의식하며 사는 삶

(미 2:6-13)

하나님 백성이 이 땅을 사는 자세 하나를 표현한다면 그것은 한마디로 종말의식 이렇게 표현할 수 있습니다. 종말의식이라고 하는 것은 말 그대로 마지막을 의식하면서 사는 삶입니다.

쉽게 말하면 하나님께서 나에게 주신 이 하루를 마지막을 의식하면서 사는 것입니다. 내가 하나님 앞에 드리는 이 예배를 마지막 예배처럼 의식하면서 그렇게 사는 것입니다.

한 선배 목사님이 이런 간증을 하는 것을 들었습니다.

이분이 젊은 시절에 예배를 인도하는 중에 그날따라 갑자기 성령께서 그의 마음에 이전에 느끼지 못한 강한 마음의 부담을 주시더라는 것입니다.

'OOO 목사야, 오늘 이 자리에 예배를 드리는 사람 중에서 다음 시간에 교회 오지 못할 사람이 있다.'

처음에는 그저 대충 생각하고 자기 생각인지, 성령이 주시는 메시지인지 몰라서 넘어가려고 했는데, 워낙 강하게 그냥 짓누르듯이 들리니까 이분이 압박감을 견디지 못하고 예배시간에 그 이야기를 했습니다.

"여러분! 이 가운데 다음 시간에 이 예배에 나오지 못할 분이 있습니다. 마지막 시간이라는 것을 알고 예배를 드리시기를 바랍니다."

이 말을 하고 나서 평상시에 하지 않던 특별한 통성 기도를 했습니다. 그러고 나서 축도를 하고 예배를 마치고 사람들이 예배당을 빠져 나가는데 결혼한 지 한 달밖에 되지 않은 이십 대 중반의 젊은 새댁이 갑자기 쿵 하고 쓰러지더라는 것입니다. 청년이 즉시 업고서 뛰었는데 병원에 도착하니 이미 하나님의 부름을 받은 후였습니다.

이 일이 있고 난 후 이 목사님이 큰 충격으로 한평생 그의 마음에 담아두고 사는 원리가 예배 가운데 분명히 마지막일 수 있는 사람이 있고 설사 아니더라도 자신은 마지막 예배라고 생각을 하고 예배를 인도하는 것이구나 그런 생각을 했다는 것입니다.

우리 인생을 정말 후회 없이 빛나게 하나님 앞에 살기 위해서 주님께서 우리에게 요구하시는 것이 있다면 날마다 마지막을 의식하는 것입니다. 이것을 종말의식이라고 표현을 합니다.

내가 하나님 앞에 드리는 이 예배가 내 인생에 마지막 예배라고 생각을 하고 드릴 때 우리의 마음가짐이 도대체 어떨까요?

내가 하는 설교 혹은 내가 듣는 설교가 이 땅에서 마지막 설교라고 생각을 한다면 우리가 도대체 어떤 마음으로 들을까요?

정말 마지막이라고 생각할 때 우리는 달라집니다. 성경은 우리에게 이것을 요구합니다. 마지막을 의식하면서 사는 것, 이것이 하나님 백성들의 가장 기본적인, 그리고 가장 중요한 자세라고 말씀하고 있습니다.

여러분 종말의식을 우리가 진짜로 가지게 될 때 그때 우리에게 가장 중요하게 나타나는 특징이 한 가지가 있습니다. 그것은 내 인생에서 무엇이 가장 중요한지가 보이기 시작하는 것입니다.

마지막이라는 의식을 하지 않고서 사는 사람들에게는 무엇이 중요한지 무엇이 중요하지 않은지 잘 구별이 되지 않습니다. 그러나 정말로 오늘이 마지막이라는 의식을 가지고 있는 사람에게는 인생의 중요한 것이 보이기 시작합니다.

여러분 도스도예프스키가 그의 인생의 마지막 5분, 총살되기 직전 5분 동안 5분을 계획했다고 하지 않습니까?

1분은 무엇을 하고 남은 3분 동안 무엇을 하고, 그러면서 황제의 특사로 극적으로 풀리고 나서 완전히 새로운 인생을 그가 살기 시작합니다. 그리고 나서 쓴 책들이 유명한 책들이 되었습니다.

우리가 정말 마지막을 의식하면서 살면, 웬만한 것이 우리의 눈에 들어올까요?

시시한 것은 눈에 들어오지도 않습니다. 정말 중요한 것만 눈에 들어오기 시작하고 그것이 눈에 보이기 시작하고 거기에 관심이 가기 시작하는 것입니다.

실제로 이런 설문 조사한 것을 제가 본적이 있습니다.

'당신에게 남은 일 년이 있다면 당신은 남은 일 년 동안 무엇에 관심을 가지길 원하십니까?'

좋은 집, 좋은 차, 돈, 명예, 출세, 여행 이런 것은 하나도 없었습니다.

첫 번째는 다른 사람에게 더 많은 도움을 주고 싶습니다.

두 번째는 더 많은 사랑을 주고 싶습니다.

이런 것이었습니다. 사람이 마지막을 의식하기 시작하면 진짜 중요한 것이 눈에 들어오기 시작하는 것입니다.

초대교회 성도들은 서로 만날 때 '안녕하십니까' 하고 인사를 하지 않았습니다. 오늘이 마지막 날이라고 생각하고 삽시다. 그렇게 인사를 했다는 것입니다. 초대교회 성도들이 이 마지막에 대한 종말의식이 늘 그들 마음속에 얼마나 가득했는가 하는 것을 알 수 있습니다. 하나님께서 우리에게 이것을 요구하고 있습니다.

우리는 전부 해고통지를 받은 사람들입니다.

왜 그렇죠?

우리는 이 땅에서 영원히 살지 못하기 때문입니다. 전부 다 우리 인생의 주인 되시는 하나님 앞에 한 사람도 빠짐없이 다 그 앞에 서야만 합니다. 물론 예수님의 피값으로 우리가 구원을 받겠지만 우리의 인생은 반드시 그분 앞에서 판단을 받게 되어있습니다.

이 마지막 의식을 가지고 우리 인생을 다시 보자 그말입니다.

이 생각을 그대로 오늘 본문으로 옮겨서 다시 한 번 생각을 해 보십시오. 이 생각을 가져야만 오늘 본문이 눈에 들어오기 시작합니다.

지금부터 2700년 전의 유다 백성들에게 하나님께서 하신 이 말씀은 결정적인 말씀이었습니다. 쉽게 말하면 해고통지를 하나님 앞에서 받는 순간입니다.

그래서 오늘 이 10절 말씀을 우리가 눈여겨보아야 합니다. 10절 말씀입니다.

> 이것은 너희가 쉴 곳이 아니니 일어나 떠날지어다 이는 그것이 이미 더러워졌음이니라 그런즉 반드시 멸하리니 그 멸망이 크리라(미 2:10).

이곳이 도대체 어디일까요?

가나안 땅입니다. 가나안 땅을 떠나라는 것입니다. 이것은 그야말로 밑뿌리부터 완전히 송두리째 뿌리 뽑히는 결정적인 해고통지입니다.

이 백성들이 오늘 미가를 통해서 하나님 앞에 이 말씀을 받기까지 어떤 일이 있었는지 생각을 해 보십시오.

이 백성들이 약 800년 전에 가나안 땅으로 하나님께서 이 백성들을 이끌어 들이셨습니다.

그때 가나안 땅에는 누가 살았나요?

가나안 족속들이 하나님 앞에서 죄를 짓고 더러운 짓을 많이 했기 때문에 하나님께서 가나안 족속들을 쫓아내고 그 자리에 하나님께서 이 이스라엘 백성들을 통해서 새로운 하나님 나라를 만들겠다는 것이 하나님의 계획이었습니다. 그리고 가나안 땅으로 들어왔습니다. 그러고 나서 약 800년이 지났습니다.

  그런데 약 800년이 지난 바로 이 시점에서 하나님께서 이곳을 너희들도 떠나라는 것입니다.

  왜 그렇죠?

  가나안에 있을 자격이 너희들은 없다는 것입니다. 자격이 없을 정도로 이스라엘 백성들은 자기 멋대로 살았습니다.

  우리가 쉽게 말하는 방을 빼라는 것입니다.

  결정적인 해고통지입니다.

  이 말씀을 하나님 앞에서 미가를 통해서 백성들은 듣습니다.

  이제 이 백성들이 하나님 앞에서 해야 할 생각이 도대체 무엇일까요?

  이 결정적인 말씀을 듣고 나서 이때부터 하나님의 백성들은 너저분한 생각, 시시한 생각, 그런 것 다 무시해야만 합니다. 진짜로 생명과 같은 그 몇 가지를 딱 붙들어야 하는데 그것이 도대체 무엇이냐 하는 것입니다.

  하나님께서 이 백성들에게 오늘 본문에서 말씀하시는 가장 중요한 몇 가지를 말씀하고 있습니다.

첫째, 6절 말씀을 보십시오.

> 그들이 말하기를 너희는 예언하지 말라 이것은 예언할 것이 아니거늘 욕하는 말을 그치지 아니한다 하도다(미 2:6).

먼저, 그들이 진짜로 생명처럼 마지막 남은 시간에 붙들어야 할 것이 무엇입니까?

그것은 바로 하나님 말씀입니다. 하나님의 말씀에 귀를 닫는 것, 말씀과의 단절, 이것이 이 백성들이 해고통지를 받아야만 했던 결정적인 한 가지 이유라고 말씀하고 있습니다.

여기에 보시면 욕하는 말을 그치지 아니한다고 되어있습니다.

이게 무슨 말씀입니까?

하나님 말씀을 들으면서 이스라엘 백성들이 여태까지 어떻게 생각을 했는가 하면 하나님 말씀을 들으면 들을수록 자꾸 자기들에게 욕을 한다고 생각을 한 것입니다.

왜 그들은 하나님 말씀을 들으면서 욕을 얻어먹는다고 생각을 했을까요?

진짜 선지자들이 설교하면서 욕을 했을까요?

아닙니다. 하나님 말씀을 들으면서 욕을 먹는다고 생각했던 것은 바로 7절 말씀입니다.

> 너희 야곱의 족속아 어찌 이르기를 여호와의 영이 성급하시

다 하겠느냐 그의 행위가 이러하시다 하겠느냐 나의 말이
정직하게 행하는 자에게 유익하지 아니하냐(미 5:7).

무슨 말씀입니까?

유다 백성들이 하나님 말씀을 들으면서 하나님에 대해서 어떤 생각을 하고 있었습니까?

여기에 하나님은 성급하시다고 말합니다. 하나님 당신은 참 성급한 분이시군요. 조급하다는 말이에요. 숨이 딱 막힐 정도로 계속 쪼아대는 하나님. 쪼잔하신 분. 숨을 못 쉬도록 우리를 다그치시는 분이라는 말입니다.

그러니깐 쉽게 말하면 하나님 말씀을 자꾸 들으면서 그들은 오랜 시간 동안 어떤 생각을 했느냐 하면 '우리 하나님은 참 조급한 분이 아니시냐, 참 쪼잔한 분이 아니시냐, 왜 그렇게 숨이 막히게 자꾸 그렇게 다그치시느냐' 이게 하나님 백성들이 하나님 말씀을 들으면서 했던 생각입니다.

왜 그들은 하나님 말씀을 들으면서 이런 식으로 숨이 막힌다고만 생각을 했을까요?

그것은 하나님께 문제가 있었던 것이 아니고, 유다 백성들에게 문제가 있었습니다. 이걸 가리켜서 쉽게 말하면 도둑이 제 발 저린다는 것입니다.

자기의 삶이 찔리는 부분이 있으니깐 들리는 말이 전부 자기에게 욕하는 말로 그렇게 들리게 되어있습니다.

예를 들어볼까요?

예전에 이런 기사가 있었습니다. 경남 김해시에서 50대

남자가 죽은 살인사건이 있었습니다. 그런데 한 베테랑 형사가 길을 가다가 불심검문을 하는데 20대 청년 가방 속에서 칼이 한 자루 나온 거예요.

사실, 김해라고 하는 곳도 좁은 곳은 아닐 것입니다.

그런데 시내에서 길을 가던 아무개를 붙들고 가방에서 칼이 나왔다고 해서 그 사람이 전부 살인자입니까?

아니지요.

그런데 이 베테랑 형사가 어떤 직감을 하고 그에게 대뜸 "왜 그랬어" 하는 것이었습니다. 이 청년은 두 말 하지 않고 "제가 잘못했습니다"라고 하더라는 것입니다.

이게 과일 깎는 칼 일 수도 있고 다른 용도의 칼 일 수도 있는데 대뜸 제가 잘못했습니다. 이게 바로 도둑이 제 발 저린다는 것입니다. 밑도 끝도 없이 물어본 건데 제가 잘못했습니다.

하나님 앞에서 멋대로 사는 사람은 무슨 말을 들어도 전부 걸리게 되어있습니다. 그래서 설교하는 사람들이 오해를 많이 받습니다. 하나님 말씀을 그냥 던졌는데 '우리 목사님 오늘 나한테 표적 설교를 했어'라고 생각하는 사람도 있습니다.

그렇지 않습니다.

참 하나님의 말씀이 놀라운 것이 여기에 있습니다. 말씀에 능력이 있습니다.

왜 말씀에 능력이 있을까요?

이 말씀이 우리 가운데 선포될 때에 말씀만 오는 것이 아닙니다. 말씀과 한 덩어리가 되시는 성령께서 서로 다르게 살아가는 수백 명 수천 명의 사람들에게 전부 다 적용을 하십니다. 그러나 성령께서 똑같은 말씀을 가지고 전부 다 적용을 하시고 마음을 불편하게 하십니다. 이것은 하나님의 말씀의 능력이 아니고서는 경험을 할 수가 없습니다. 왜냐하면, 성령의 능력 때문에 그렇습니다.

우리가 하나님 앞에서 불편하기 시작할 때, 사실 이것은 하나님께서 우리를 사랑하고 계시는 것입니다. 우리를 오히려 위로하고 계시는 것이고, 우리에게 힘을 주려고 하는 것이고, 우리에게 다시 시작할 수 있도록 하나님께서 용기를 주고 있습니다.

그런데 이스라엘 백성들이 하나님의 말씀에 대해서 어떻게 생각을 했습니까?

'우리 하나님 조급하시다, 쪼잔하시다, 일거수일투족을 감시하면서 나를 못살게 하시는구나.'

욕하는 말로 들은 것입니다.

하나님 앞에 정직하게 살려고 하는 사람들은 오늘 말씀을 '우리에게 유익이 되지 않느냐' 하면서 듣습니다.

그들은 오히려 이 말씀을 들으면서 하나님 앞에 죄를 토해내고 회개를 하니까 그렇게 좋을 수가 없습니다. 그런데 어둠의 자식들에게는 욕하는 말로 들리는 것입니다.

문제는 여기에 있었습니다.

그런데 그들은 어디까지 나갔습니까?

결국은 귀를 닫아 버렸습니다. 말씀의 문을 딱 닫아 버린 것입니다.

이것이 오늘 이 백성들이 망하는 결정적인 원인이었다고 말씀하고 있습니다. 이 말씀이 너무나도 예리합니다. 하나님 말씀에 우리가 이런 오해를 하고 우리의 마음을 열 생각은 안 하고 하나님 말씀을 자꾸 오해하면서 결국 마지막에 문을 딱 닫아 버리면, 하나님 백성들은 이 세상에서 절대로 살 방법이 없습니다. 반드시 죽게 되어있습니다. 반드시 망하게 되어있습니다.

오늘 유다 백성들은 그래서 마지막 해고통지를 받습니다. 받을 수밖에 없었습니다. 하나님 말씀과의 단절이 근본적인 원인입니다.

뒤집어 말하면 무엇입니까?

이제 해고통지를 받아들고서 남은 시간이 얼마 없습니다. 그러면 남은 시간 동안 그들이 하나님 앞에서 죽기 살기로 집중해야 할 것이 한 가지가 있습니다.

그것이 무엇입니까?

하나님 말씀에 이끌림을 받는 삶. 나의 시간이 하루가 남았든지, 일 분이 남아있던지 나에게 이 땅에 주어진 시간이 한 시간이 남았든지 하나님께서 우리에게 요구하시는 것은 말씀의 이끌림 받는 삶으로 돌아서기만 하면 효과가 있다는 것입니다. 희망이 있다는 것입니다.

말씀에 이끌림을 받고 있습니까?

정말 하나님의 말씀이 내 속에 살아 있느냐 그 말입니다.

둘째, 8-9절 말씀입니다.

> 근래에 내 백성이 원수 같이 일어나서 전쟁을 피하여 평안히 지나가는 자들의 의복에서 겉옷을 벗기며 내 백성의 부녀들을 그들의 즐거운 집에서 쫓아내고 그들의 어린 자녀에게서 나의 영광을 영원히 빼앗는도다(미 2:8-9).

이것이 무슨 이야기인가 하면 얼마 전에 유다 나라 옆으로 전쟁을 피해서 가는 사람들이 있었다는 것입니다. 이 사람들은 유다 백성들하고 전쟁할 의사가 없었습니다. 그런데 유다 백성들이 이 사람들에게 통행료를 요구하면서 겉옷을 벗겼습니다. 이스라엘은 일교차가 크기 때문에 겉옷이 이불도 되고 텐트도 되는 아주 소중한 것입니다.

부녀들을 즐거운 집에서 쫓아낸다고 하는 것은 빚을 갚지 못하는 사람들, 이 사람들이 조금만 봐달라고 애걸복걸하는데, 이걸 봐주지 않고 행복을 빼앗아 버립니다.

"어린 자녀에게서 내 영광을 빼앗는다."

영광을 빼앗는다는 것은 땅을 빼앗는다는 말입니다. 완전히 땅을 몰수하고 사람을 팔아버린 것입니다.

여러분 8-9절 말씀에서 몇 가지를 이야기하고 있는데 이것이 무엇일까요?

이것은 행위를 말합니다.

기독교는 행위의 종교입니다. 이것을 기억해야 합니다. 우리가 가진 복음이라고 하는 것은 행위의 복음입니다.

오직 은혜로 구원받는 것 아닙니까?

은혜로 구원받고 나서는 구원이 그 백성들을 지배하는 것은 행위입니다.

지배한다는 표현을 썼는데, 지배한다는 것이 무슨 뜻인가요?

하나님 백성들이 행위에 대해서 그렇게 예민하다. 그런 말입니다. 진짜 구원받은 백성들은 정말로 예민을 떨게 되어 있습니다. 그렇게 예민합니다. 어디에, 행위에 대해서, 율법에 대해서, 예민한 것입니다.

> 너희 의가 서기관과 바리새인보다 낫지 아니하면 결단코 천국에 들어갈 수 없으리라(마 15:17).

구원은 받았는데, 행위에 대해서 예민하지는 않다. 그것은 기독교가 아닙니다.

우리가 기억해야 할 것이 있습니다. 우리가 주님 안에서 믿음으로 행한 행위가 영원한 것입니다. 행위는 절대로 사라지지 않습니다. 생각은 사라질 수 있습니다. 그러나 행위는 사라지지 않습니다. 왜냐하면, 행위라고 하는 것은 열매이기 때문에 그렇습니다.

열매는 사라지지 않습니다. 열매는 완성품입니다. 완성품은 사라지지 않습니다. 생각은 완성품이 아니므로, 생각은 사라질 수 있습니다.

우리가 주님 안에서 믿음으로 행한 것들은 절대로 사라

지지 않습니다. 믿음의 행위로 했던 것들, 믿음으로 봉사했던 것들은 안 사라집니다.

왜 그렇습니까?

열매이기 때문입니다.

그러므로 우리의 인생을 한마디로 이렇게 정의할 수 있습니다.

"열매 만들어내기."

남은 시간이 하루가 남아도, 하루 동안 우리가 하나님 앞에 집중해야 하는 그것이 무엇인가 하면 열매를 만들어내는 것입니다.

미국의 깁슨이라는 부호가 있었다고 합니다. 이분이 가난한 가정에서 부자가 되었는데, 한 손님이 자기에게 찾아와서 물어보는 거예요.

당신 부자가 된 비결이 무엇입니까?

그러자 세 가지가 있다고 하였습니다.

첫째, 실패를 두려워하지 않았습니다.
둘째, 하나님과 성경을 믿었습니다.
셋째, 절대로 술을 마시지 않았습니다.

이 사람이 듣고 난 다음에 실망했습니다.

왜죠? 다 아는 이야기 아닙니까?

그때 깁슨이 말합니다.

"바로 여기에 문제가 있습니다. 모든 사람은 여기서 다

무너집니다. 이것을 아는 사람은 많은데 이걸 행하는 사람은 별로 없습니다. 여기서 제가 성공을 했습니다."

해고통지를 받은 사람들이 정신을 바짝 차려야 될 것이 여기에 있다고 말씀하고 있습니다.

마지막 남은 세 번째는 진짜로 정신을 차린 사람들에게 우리 하나님께서 마지막으로 한 가지를 붙들라고 하십니다.

셋째, 12-13절 말씀입니다.

> 야곱아 내가 반드시 너희 무리를 다 모으며 내가 반드시 이스라엘의 남은 자를 모으고 그들을 한 처소에 두기를 보스라의 양 떼 같이 하며 초장의 양 떼 같이 하리니 사람들이 크게 떠들 것이며 길을 여는 자가 그들 앞에 올라가고 그들은 길을 열어 성문에 이르러서는 그리로 나갈 것이며 그들의 왕이 앞서 가며 여호와께서는 선두로 가시리라(미 2:12-13).

이스라엘이 쫓겨나는데 역설적인 말씀이 나오는 것입니다. 하나님 백성들이 다 쫓겨나서 하나님 나라가 해체되는데, 오히려 12-13절 말씀에 보면 하나님 나라의 백성들의 소리가 보스라 양떼처럼 너무 행복하고 너무 소리가 크고 슬서워서 비명을 지르는 소리가 들리고 있습니다.

도대체 이것이 무슨 말씀일까요?

13절에 보시면 결정적인 표현이 하나 나옵니다.

"길을 여는 자가 그들 앞에 올라가고."

여기에 길을 여는 자가 나오고 있습니다.

길을 여는 자가 무엇일까요?

길을 연다고 하는 것은 이미 있는 길을 앞에서 가이드를 하면서 열어서 올라가는 사람이 길을 여는 사람이 아니고, 전혀 길이 없는데 길을 만들어 내어서 그곳으로 하나님 백성들을 인도한다는 그런 뜻입니다.

쉽게 말하면 터미네이터라는 것입니다. 깨뜨리는 사람, 나쁜 뜻이 아니라, 없는 길, 광야에 없는 길을 만들어서 하나님 백성들을 그곳으로 인도한다는 것입니다.

누구입니까?

바로 우리 주 예수 그리스도입니다. 예수님은 없는 길을 만드셨습니다. 하늘과 땅 사이에는 길이 없었습니다. 사람들이 하나님 앞에 갈 수 있는 길이 없습니다. 가나안 땅에서 쫓겨나면서 다 끝이 나버렸습니다.

도대체 끝이 나 버렸는데, 어떻게 하면 좋습니까?

그런데 하나님께서 약속하고 있습니다. 한 분이 오신다는 것입니다. 그분이 오셔서 하늘과 땅 사이에 길을 만들어 내시리라는 것입니다. 이것이 에베소서에는 "막힌 담을 허시는 분"이라고 되어있습니다.

막힌 담을 헌다는 것이 무엇입니까?

우리 주님께서 완력으로 폭발을 시킨 것이 아니고, 자기의 몸을 드려서, 자기의 몸을 깨뜨려서 하나님 앞에서 길을 만든 것입니다. 그 길이 무슨 길인가 하면 하나님 앞으로 갈 수 있는 길이었습니다.

예수님이 오셔서 길을 만들어서 하나님 백성들이 하나님 앞으로 갈 수 있게 하며, 하나님을 다시 만날 수 있게 하며, 가나안은 잃어버렸지만, 하나님의 나라를 전부 차지할 수 있게 하는 그 한 분 예수 그리스도께서 오셔서 너희들을 붙들게 될 것이다. 이것이 바로 이스라엘의 희망입니다. 이것이 바로 인생의 마지막 희망입니다.

누구에게죠?

마지막 의식을 가지고 진짜 정신을 차린 사람들, 진짜 정신을 제대로 차려서 하나님 말씀으로 '남은 생애 동안 내가 한 시간을 살아도 하나님 말씀에 이끌림을 받겠노라. 행위의 열매를 만드는 데 내가 집중하겠노라.' 이런 사람들에게 우리 주님께서 약속하시는 엄청난 약속입니다.

'오늘 하나님 앞에서 우리의 영의 눈이 열려서 정말 우리가 마지막 의식을 가지고, 하나님, 남은 나의 인생 내가 진짜 중요한 것에 내가 초점을 맞추고 살겠습니다.'

이렇게 할 때 우리 앞에 길을 여는 자, 터미네이터와 같은 위대한 분이 우리 앞에 다시 나타나 보일 것입니다. 그분이 우리의 손을 잡으실 것입니다.

그리고 없는 길을 만들어 가실 것입니다. 없는 길을 만들어서 땅을 통과할 뿐만 아니라, 죽음 이후에는 하늘을 향해서 우리를 이끌어 가시는 위대한 구원의 역사가 나타날 것입니다.

미가 3:1-12

¹ 내가 또 이르노니 야곱의 우두머리들과 이스라엘 족속의 통치자들아 들으라 정의를 아는 것이 너희의 본분이 아니냐 ² 너희가 선을 미워하고 악을 기뻐하여 내 백성의 가죽을 벗기고 그 뼈에서 살을 뜯어 ³ 그들의 살을 먹으며 그 가죽을 벗기며 그 뼈를 꺾어 다지기를 냄비와 솥 가운데에 담을 고기처럼 하는도다 ⁴ 그 때에 그들이 여호와께 부르짖을지라도 응답하지 아니하시고 그들의 행위가 악했던 만큼 그들 앞에 얼굴을 가리시리라 ⁵ 내 백성을 유혹하는 선지자들은 이에 물 것이 있으면 평강을 외치나 그 입에 무엇을 채워 주지 아니하는 자에게는 전쟁을 준비하는도다 이런 선지자에 대하여 여호와께서 이르시되 ⁶ 그러므로 너희가 밤을 만나리니 이상을 보지 못할 것이요 어둠을 만나리니 점 치지 못하리라 하셨나니 이 선지자 위에는 해가 져서 낮이 캄캄할 것이라 ⁷ 선견자가 부끄러워하며 술객이 수치를 당하여 다 입술을 가릴 것은 하나님이 응답하지 아니하심이거니와 ⁸ 오직 나는 여호와의 영으로 말미암아 능력과 정의와 용기로 충만해져서 야곱의 허물과 이스라엘의 죄를 그들에게 보이리라 ⁹ 야곱 족속의 우두머리들과 이스라엘 족속의 통치자들 곧 정의를 미워하고 정직한 것을 굽게 하는 자들아 원하노니 이 말을 들을지어다 ¹⁰ 시온을 피로, 예루살렘을 죄악으로 건축하는도다 ¹¹ 그들의 우두머리들은 뇌물을 위하여 재판하며 그들의 제사장은 삯을 위하여 교훈하며 그들의 선지자는 돈을 위하여 점을 치면서도 여호와를 의뢰하여 이르기를 여호와께서 우리 중에 계시지 아니하냐 재앙이 우리에게 임하지 아니하리라 하는도다 ¹² 이러므로 너희로 말미암아 시온은 갈아엎은 밭이 되고 예루살렘은 무더기가 되고 성전의 산은 수풀의 높은 곳이 되리라

제5장

세 가지 절망 그러나 희망
(미 3:1-12)

오늘 본문은 하나님 백성들에게 있는 세 가지 절망을 보여주고 있습니다. 중요한 것은 하나님 백성들에게 있는 이 세 가지 절망을 정확하게 알고나면 이 절망을 뒤집을 수 있는 희망이 손에 잡힌다는 것입니다. 그러기 위해서 먼저 유다 백성들 안에 있었던 세 가지의 절망이 무엇인지를 정확하게 우리가 알아야만 합니다.

세 가지의 절망이 뭘까요?

오늘 본문은 세 덩어리로 되어있습니다.

첫 번째는 1-4절, 두 번째는 5-8절, 세 번째는 9-12절로 되어있습니다.

이 세 덩어리가 각각 세 가지의 절망을 말하고 있습니다.

구약 시대 하나님께서 하나님 나라를 다스리기 위해서 특별히 세 개의 직분을 세우셨습니다.

첫째, 통치자 왕입니다.
둘째, 제사장입니다.
셋째, 선지자입니다.

왕은 통치자요, 제사장은 하나님과 백성들을 연결하는 연결자요, 선지자는 하나님의 말씀으로 끊임없이 일깨우는 자입니다.

오늘 본문은 세 덩어리의 세 직분이 다 나오고 있습니다.

유다 백성들에게 있는 이 세 가지의 절망이 무엇인가요?

첫 번째는 통치자를 통한 절망입니다.
1절 말씀입니다.

> 내가 또 이르노니 야곱의 우두머리들과 이스라엘 족속의 통치자들아 들으라 정의를 아는 것이 너희의 본분이 아니냐 (미 3:1).

여기에 정의라는 말을 우리가 주목할 필요가 있습니다. 우리가 보통 정의라고 하면, 바른 것, 올바른 것, 법을 지키는 것, 이것을 정의라고 합니다.

그러면 여기서 하나님께서 말씀하려고 하는 것이 단지 법을 어기는 것을 말씀하려고 하는 것일까요?

오늘 여기서 말하려고 하는 정의라고 하는 그 의미가 무엇인가 하는 것을 깊이 생각해 볼 필요가 있습니다.

먼저 이 생각을 하기 위해서는 우리가 반드시 먼저 알고 있어야 할 것이 있습니다. 이걸 모르면 이 생각을 할 수가 없습니다. 구약 시대의 왕은 오늘날 대통령이나 정치지도자와는 전혀 의미가 다르다는 것을 생각해야 합니다. 오늘날뿐만 아니라, 당시 이방 나라의 통치자와도 의미가 전혀 달랐습니다. 다시 말해서 성경 속에 있는 왕과 오늘날 통치자나 그 당시에 이방 나라의 통치자는 다르다는 것입니다.

왜죠?

구약성경에 나오는 이스라엘이라고 하는 나라는 겉으로는 분명히 이방 나라와 같은 나라지만, 사실은 나라이기 이전에 하나님 백성들이 모인 신앙공동체입니다. 오늘날로 말하면 오히려 교회와 같습니다. 이것을 다른 말로 표현하면 신정국가입니다. 신이 통치하는 신정국가입니다. 하나님 백성들이 모인 교회와 같습니다.

이것을 생각해야 합니다. 그래서 이 백성들을 다스리는 통치자라고 할 때 이것이 단순한 통치자, 정치지도자의 개념이 아닙니다.

그럼 무엇일까요?

그것은 바로 영혼의 목자입니다. 그렇기 때문에 유다의 통치자들이 해야 할 일은 단순한 통치가 아니라는 사실을 인식해야 합니다.

단순한 통치가 아니면 무엇입니까?

단순한 통치가 아니고, 하나님의 사랑의 원리를 가지고 영혼을 돌보는 목자입니다. 영혼을 살려내는 목자의 역할입니다. 다시 말해서 하나님 말씀을 가지고 이것을 실천하고 이 원리를 가지고 다스리는 영적인 지도자입니다.

이스라엘 왕은 단순한 왕이 아니고 목자입니다. 하나님의 말씀 원리를 가지고 사람들을 세워야 할 영적인 지도자입니다. 이것이 다른 것입니다.

이스라엘 지도자들은 바로 이와 같은 위상이기 때문에 이스라엘의 통치자, 이스라엘의 왕이 해야 할 제일 중요한 일은 무엇일까요?

그것은 국방도 아니고, 경제도 아니었습니다. 물론 이것들도 중요하지만, 그것보다 훨씬 더 중요한 것이 있습니다. 그것은 하나님의 양 떼를 살리는 것입니다. 하나님의 말씀 원리를 실천하면서 하나님의 양 떼를 살리는 것이 첫 번째 목적이었습니다.

영혼들을 하나님의 말씀 원리로 살리는 것입니다. 신앙이 바로 서게 하는 것입니다. 믿음이 좋아지게 만드는 것입니다. 그러면 하나님께서 경제도 국방도 책임을 져준다. 이것이 바로 하나님 나라의 독특한 위상입니다. 이것이 이스라엘 통치자들의 본분입니다.

이것을 가지고 우리가 본문을 다시 한 번 들여다보면 본문이 조금 더 잘 보이기 시작합니다.

2-3절 말씀을 보십시오.

> 너희가 선을 미워하고 악을 기뻐하여 내 백성의 가죽을 벗기고 그 뼈에서 살을 뜯어 그들의 살을 먹으며 그 가죽을 벗

기며 그 뼈를 꺾어 다지기를 냄비와 솥 가운데에 담을 고기처럼 하는도다(미 3:2-3).

표현이 좀 삭막한데, 이것이 지금 단순한 이야기가 아니고, 가장 중요한 본질적인 이야기를 하고 있습니다. 쉽게 말하면 영혼을 죽이고 있다는 것입니다.

예를 들어서 조금 더 설명하겠습니다.

꽤 오래전에 텔레비전을 통해서 어떤 헌신적인 어머니의 이야기가 나온 적이 있습니다. 이 어머니에게는 35살 된 아들이 있었습니다. 이 아들은 불과 10살 때에 희귀병에 걸렸습니다. 몸속 구석구석에서 석회질이 생기는 병이었습니다. 그래서 온몸이 굳어가는 병이고, 이 석회질이 몸 밖으로 뚫고 나와서 온몸에 염증을 만들고, 몸을 움직일 때마다 고통이 너무너무 심한 이런 희귀병이었습니다.

10살 때 이 병이 발병하자마자 의사들은 하나같이 입을 모아서 "이 아이는 얼마 살지 못한다. 이 아이는 곧 죽게 될 것이다. 불과 1-2년 살 것이다"라고 말했습니다. 그런데 이 엄마가 움직이지 못하고, 움직일 때마다 고통스러워하는 이 불치의 병에 걸린 아들을 사랑으로 간호를 하기 시작하는데 그 뒤로 무려 25년을 살았습니다.

그리고 텔레비전에 방영될 당시에 35살 된 아들이 함께 나온 것입니다. 곧 죽을 것이라고 했던 이 아이, 무려 25년을 살았고 나이가 35살 성인이 되었습니다. 이 아들의 처지에서는 엄마를 볼 때마다 얼마나 미안하고 얼마나 죄송

한지 모릅니다.

한평생 이 아들에게 자기의 인생을 다 투자하신 그 엄마, 그래서 이 엄마를 향해서 엄마 제발 나를 포기해달라고 합니다. 왜냐하면, 이제는 미안해서 엄마의 사랑을 감당할 수가 없었던 것입니다.

그런데 엄마에게 있어서 정말 감당할 수 없는 그런 일이었을까요?

물론 어려움이야 있었겠지만 엄마에게는 천만의 말씀이었습니다.

엄마에게 정말 이 아들이 귀찮고 부담스러운 존재였을까요?

아닙니다. 35살 먹은 성인이 된 이 아들을 가리켜서 엄마는 내 아기라고 부르고 있습니다. 왜냐하면, 35살이 되어도 여전히 엄마 눈에는 아기처럼 예쁘기 때문입니다. 도무지 감당할 수 없는 사랑을 다 퍼붓고 나서도 그래도 남아있는 것이 있다면 전부 다 주고 싶은 엄마의 사랑입니다.

저는 이것을 보면서 모성애라고 하는 게 얼마나 위대한지 그것을 깊이 생각을 하게 되었습니다.

그런데 중요한 것은 성경이 우리에게 말씀하는 것은 무엇일까요?

성경이 우리에게 말씀하는 것은 사람들 안에 있는 이 모성애라고 하는 것이 이처럼 위대하고 대단한 것이지만, 그러나 하나님의 사랑에 비하면 그 위대한 모성애도 새발의 피에 불과하다는 것입니다. 인간이 가진 모성애가 그렇게 위대하고 대단하지만, 하나님의 사랑에 비하면 이것은 그림자에 불과하고 하나님의 사랑을 살짝 모방한 것에 불과하다는 것입니다.

성경은 우리에게 그렇게 말씀하고 있습니다. 저는 이것을 성경으로 증명할 수 있습니다.

에베소서 2장 1절 말씀입니다.

> 너희 허물과 죄로 죽었던 너희를 살리셨도다(엡 2:1).

한 번 보십시오.

인간은 허물과 죄로 완전히 죽어있었습니다.

어머니하고 한 번 비교를 해 봅시다.

어머니는 그래도 아들하고 대화는 되지 않습니까?

움직이지는 못하지만, 말은 통합니다.

그리고 이 아들이 엄마 사랑이 고맙다는 걸 알고 있고, 알아주고 있지 않습니까?

그러나 인간은 어떻습니까?

인간은 몸이 약간 굳어 있는 그런 상태가 아니고, 하나님을 향해서 완전히 영이 죽어있다고 말합니다. 영이 하나님을 향해서 완전히 죽어버렸기 때문에, 하나님과 전혀 대화가 안 되고 대화가 안 되기 때문에 하나님을 모른다고 하며, 그리고 하나님을 무시하고 반역하며 완전히 시체와 똑같습니다.

그러나 하나님께서 우리에게 하시는 말씀은 하나님께서 이런 인간을 포기하지 않았다는 것입니다. 25년이 아닙니다. 수천 년을. 그리고 전혀 말도 통하지 않는 인간을 향해서 수천 년을 기다립니다.

그리고 결국은 어떻게 하십니까?

아들과 우리의 생명을 바꾸어 버렸습니다.

어머니의 사랑이 위대하지만, 그것은 정말 그림자에 불과합니다. 그래서 어머니의 사랑을 못 받은 사람도 하나님의 사랑을 깨닫고 나면 그것이 다 채워지는 이유가 여기에 있습니다.

이것이 무엇인가 하면, 이것이 바로 원리입니다. 이것이 바로 하나님 말씀이라고 하는 원리입니다. 사랑의 원리입니다.

이 원리를 붙들고, 이 원리를 가지고 이것을 사람들 사이에서 실천하면서 사람들을 살려주어야 할 사람이 누구입니까?

통치자입니다.

하나님 사랑이 엄청나게 놀라우므로 이 원리를 가지고 사람들을 살려주어야 하고, 이 원리를 실천해서 사람들이 일어나게 만드는 것이 하나님 보시기에 바른 것입니다. 이게 바른 것이고, 이것이 바로 정의입니다.

그런데 문제는 이스라엘 안에는 바로 이 원리도 실천도 사라져버렸다는 것입니다. 문제는 여기에 있습니다.

결국, 본문에서 정의롭지 못하다는 것은 단순히 법을 어긴 것이 아니고, 근본적인 하나님의 사랑의 원리, 이것이 죽어있는 것이고, 이것을 실행할 수 있는 능력, 영혼을 살리는 생명의 능력, 사랑의 능력, 이것이 전부 다 죽어버렸다는 것입니다. 그것을 말씀하는 것입니다.

이것이 바로 절망이 아닙니까?

클레이튼 크리스텐슨이라는 하버드대학교 경영학 교수가 한국에 와서 인터뷰를 하면서 이런 말을 했습니다.

"한국이 고도성장을 했지만, 행복은 옛날보다 못하다."

제가 이것을 보면서 이분이 뭘 아는 것 같았습니다. 고도성장을 했지만, 행복은 옛날보다 훨씬 못한 것 같다. 그런데 이런 사회 분위기에 교회도 따라가고 있는 것 같습니다.

우리도 자꾸 행복을 빼앗기고 있는 게 아닙니까?

유다 백성들 하고 똑같습니다.

하나님의 사랑에 대한 감동, 이것이 사라졌던 유다 백성들, 그래서 하나님 앞에서 해야 할 근본적인 본분 자체가 완전히 없어져 버린 이 유다 백성들, 이것이 유다 백성들의 첫 번째 절망이었고, 그리고 우리도 이런 상황에 놓여 있는 것 같습니다.

두 번째는 선지자를 통한 절망입니다.

5-6절 말씀입니다.

> 내 백성을 유혹하는 선지자들은 이에 물 것이 있으면 평강을 외치나 그 입에 무엇을 채워 주지 아니하는 자에게는 전쟁을 준비하는도다 이런 선지자에 대하여 여호와께서 이르시되 그러므로 너희가 밤을 만나리니 이상을 보지 못할 것이요 어둠을 만나리니 점 치지 못하리라 하셨나니 이 선지

자 위에는 해가 져서 낮이 캄캄할 것이라(미 3:5-6).

이스라엘 안에 있는 선지자라고 하는 존재는 어떤 존재입니까?

이것은 이스라엘 백성들의 생명을 지키는 존재입니다. 왜 그런가하면 선지자라고 하는 존재는 하나님의 말씀을 가졌기 때문에 이 선지자는 마치 저울 같고 온도계와 같은 그런 존재입니다. 그러니까 저울이 왔다 갔다 하고 온도계가 왔다 갔다 하면 이것은 이스라엘 백성들에게 있어서는 가장 심각한 상태입니다. 말하자면 자기를 전혀 체크할 수 없는 완전히 오리무중에 빠지는 그런 상태가 되는 것입니다.

우리가 몸무게를 잴 때는 저울이 정확해야 하는 데 저울이 멋대로 왔다 갔다 하면 몸무게를 잴 수가 없습니다.

우리 영혼의 가장 중요한 것은 내 영적인 상태를 체크할 수 있는 체크 기능입니다.

그럼 이것이 어디서 나오는 것일까요?

하나님의 말씀으로부터 오는데, 유다 백성들의 두 번째 절망은 이 체크 기능이 무너져 있는 것입니다.

『예루살렘 다이어트』라는 책이 있습니다. 꼭 다이어트를 해야 한다면 이렇게 하라고 말하고 있습니다.

세상에서 제일 정확한 저울을 하나 사라는 것입니다. 비싼 돈을 들여서 저울을 하나 사서 매일 100g씩 빼라는 것입니다. 100g이 빠지는 그날은 목표 달성했으니깐 편히 자고, 안 빠지면 빼고 자라는 것입니다. 이때 가장 중요한 것은 저울이 정확해야 한다는 것입니다.

제가 지금 저울 이야기를 하고 싶은 것이 아닙니다.

결국, 생명은 어디에 있습니까?

체크 기능에 있습니다. 사람이 영적으로 살고 죽는 것은 결국은 체크 기능에 달려있습니다.

아주 젊고 유능한 명성 있는 산부인과 의사가 있었습니다. 이분이 환자들을 진료하면서 그가 늘 환자들에게 이렇게 말하였다고 합니다.

"6개월마다 정기 검진을 받으시오. 조기 진단만이 부인병을 예방할 수 있습니다."

어느 날 어떤 분의 사랑하는 아내가 몸이 좋지 않아서 진찰을 해 보니깐 심각한 병에 걸려있었습니다. 수술을 받은 후에 얼마 있다가 세상을 떠나고 말았습니다. 문제는 아내가 10년 동안 한 번도 정기 검진을 받은 적이 없다는 것입니다.

체크를 할 수 있다는 것은 바로 이와 같은 것입니다. 우리가 영적으로 가장 중요한 것은 영적인 신호체계입니다. 이것이 무너져버리면 아무것도 할 수 없습니다. 하나님 백성들은 전부 다 죽게 되어있습니다.

이스라엘 백성들의 두 번째 절망은 영적인 신호체계 자체가 나 무너져 버린 것입니다. 내가 하나님 앞에 바로 서 있는지 하나님의 말씀을 가지고 체크를 하고 잴 수 있어야 하는데, 이 기능 자체가 무너져 버린 것입니다. 그러니까 이스라엘은 절망입니다.

오늘 우리에게 영적인 체크 기능이 살아있습니까 아니면 영적인 체크 기능이 죽어버렸습니까?

그러면 엄청난 절망이 우리 앞에 있는 것입니다.

세 번째는 악이 구조화되어 있는 절망입니다.

이것을 쉽게 말하면 죄가 단단하고 굳어져서 돌멩이처럼 되었다는 것입니다. 이것이 체질화가 되어있고, 습관화되어있다는 것입니다. 죄가 습관화되어 버리면 깨지지 않습니다. 이건 깨지기가 너무너무 어렵습니다.

9-10절 말씀입니다.

> 야곱 족속의 우두머리들과 이스라엘 족속의 통치자들 곧 정의를 미워하고 정직한 것을 굽게 하는 자들아 원하노니 이 말을 들을지어다 시온을 피로, 예루살렘을 죄악으로 건축하는도다(미 3:9-10).

본문의 '건축하는 도다'라는 표현이 무엇인가 하면, 어떤 구조물이 되어있다는 것입니다.

이걸 좀 더 구체적으로 설명을 하면 11절 말씀에 나와 있습니다.

> 그들의 우두머리들은 뇌물을 위하여 재판하며 그들의 제사장은 삯을 위하여 교훈하며 그들의 선지자는 돈을 위하여 점을 치면서도 여호와를 의뢰하여 이르기를 여호와께서 우

리 중에 계시지 아니하냐 재앙이 우리에게 임하지 아니하리라 하는도다(미 3:11).

이것을 세분화해서 살펴봅시다.

첫째, 통치자는 뇌물을 위하여 재판합니다.
둘째, 제사장은 삯을 위하여 교훈합니다.
셋째, 선지자는 돈을 위하여 점을 칩니다.

"여호와를 의뢰하여 이르기를 여호와께서 우리 중에 계시지 아니하냐 재앙이 우리에게 임하지 아니하리라 하는도다."

여기 세 신분이 다 드러나고 있습니다. 왕, 제사장, 선지자. 이 세 직분이 손을 딱 잡은 것입니다. 이들이 손을 잡은 뒤에 어떤 현상이 일어났는가 하면 죄는 단순히 죄로 끝나지 않습니다. 이 죄가 구조를 형성합니다. 이것이 건축물이 됩니다. 그리고 돌처럼 단단한 돌덩어리가 되는 것입니다.

이것을 기억하십시오. 죄를 짓는 것하고, 죄가 구조화되고 체질화되고, 습관화되는 것은 완전히 차원이 다른 것입니다.

인터넷에서 음란물을 본 일은 죄가 되지만 이것이 습관화되어서 아예 즐겨찾기에 등록해 놓았다면 이건 완전히 이야기가 달라집니다.

내가 말을 잘못했다. 이건 죄의 행위가 되었지만, 말버릇이 되었다. 이건 완전히 이야기가 달라집니다. 습관이 되면 이것은 절망입니다.

오늘 미가는 이것을 설명하고 있습니다.

어떤 하나의 행위가 있습니다. 이 행위가 반복되면 성격이 됩니다. 성격이 반복되면 성품화됩니다. 성품화가 되면 그 다음에는 내 존재가 됩니다. 이것이 체질화가 되고 습관화가 되면 자기 존재가 되기 때문에 이미 자기 속에 자기의 일부분이 되고 존재가 되면 그다음은 내가 도대체 무엇이 잘못되었는지, 내가 도대체 어디서 문제가 있는지 아무런 변별기능이 없어진 것입니다. 습관화되어서 자기의 인격이 되고 성품화되고 나중에 나의 존재가 되버리면 그 다음부터는 사람이 변한다는 것은 거의 불가능에 가깝습니다.

<쇼생크탈출>이라는 영화를 보셨습니까?

이 영화를 보면 한 노인이 종신형을 받습니다. 수십 년 동안 감옥에서 살다가 말년에 가석방이 됩니다. 이 사람이 가석방이 되어서 감옥에 나와서 사는데, 얼마 있지 않아서 자살을 합니다.

왜 자살을 했을까요?

이유는 간단합니다. 불편해서 못 살겠다는 것입니다. 감옥에서 만들어진 습관 외에 다른 것이 오니까 감당이 안 되는 거예요. 그 습관이 자기 존재를 형성해 버렸습니다.

찰스 디킨스의 단편소설 중에 이런 이야기도 있습니다.

한 영국인이 프랑스에 가서 죄를 지어서 프랑스 감옥에 갇히게 되었습니다. 하도 오래 살았더니 감옥 생활이 익숙해졌습니다. 나중에는 자기가 갇힌 그 감옥 좁은 공간이 서

서히 편안해지기 시작합니다. 그리고 돈 벌 걱정도 안 하고, 싸울 일도 없고, 괜찮았습니다. 그래서 어느덧 만기가 되어서, 만기 출소를 합니다. 그리고 자기 나라 영국으로 돌아옵니다. 자기 집의 넓은 방으로 들어가고, 넓은 침대에 누워서 잠을 청하는데, 잠이 오지 않습니다.

왜 잠이 안올까?

이 사람이 결국 방에다가 벽돌을 쌓기 시작합니다. 벽돌을 쌓고 거기에 감방을 만듭니다. 거기에 들어가서 쪼그리고 잠을 청합니다. 그때부터 잠이 오기 시작하는 것입니다.

무슨 이야기입니까?

죄라고 하는 것은 체질화가 됩니다.

죄라고 하는 이것을 점검을 하지 않으면 반드시 체질화가 되고, 반드시 습관화가 됩니다. 구조물이 되는 것입니다.

구조물이 되면 안 깨집니다. 절대로 안 깨집니다.

유다 나라는 나라 전체가 하나의 체질화, 습관화, 구조화 단계로 넘어가 버린 것입니다.

오늘 우리는 어떻습니까?

우리의 생활 속에 나도 모르게 체질화로 굳어 지려고 하는 성향이 우리 속에 다 있습니다. 그래서 날마다 우리가 하나님 앞에서 우리의 행위를 점검하고 우리의 말을 점검하시지 않으면 우리는 굳어지게 되어있습니다.

우리는 이 관점을 가지고 우리를 한 번 돌아볼 필요가 있습니다.

우리는 도대체 어떤 상태에 있을까요?

자동적으로 우리는 죄의 체질이 있습니다. 우리 안에 굉장히 많은 하나님 보시기에 부끄러운 것들이 이미 우리 안에 체질화되어있습니다. 나도 모르게 이미 나의 존재가 되어있고 나의 인격이 되어있고 나의 습관이 되어있을 때 이것은 절망입니다.

유다의 세 번째 절망은 이것이였습니다.

2700년 전에 유다 백성들 가운데에 있었던 이 세 가지의 절망을 가만히 들여다 보면 이것이 다른 사람의 이야기가 아닙니다. 이것이 바로 성경의 능력입니다. 성경은 2700년이 지나도, 아니 앞으로 2700년이 더 지나도 우리 가운데 너무너무 현실적이고 너무너무 피부 가까이 파고드는 이것이 성경의 능력입니다.

2700년 전에 있었던 유다 백성들의 고통은 오늘 우리와 별반 다르지 않습니다. 어쩌면 우리도 하나님의 사랑과 은혜와 능력을 잃어버리고 영혼을 살리는 능력을 잃어버린 가운데 우리가 이 자리에 앉아있을 수 있습니다.

사랑하는 성도 여러분!

우리도 어쩌면 영적인 체크기능 자체가 상실되어서 하나님 말씀하고 아무 상관없이 멋대로 살아가는 것이 우리의 모습일 수도 있습니다.

그뿐만이 아니라, 유다 백성들처럼 죄가 이미 체질화되고 습관화되어서 도대체 이것이 나한테 어떤 문제가 있는지 그것도 느끼지 못하는 가운데 있을 수 있습니다.

이것이 우리의 절망입니다. 그리고 2700년 전에 있었던 유다 백성들의 절망입니다.

성경은 이 세 가지의 절망을 보여주고 있습니다.

그렇다면 도대체 이 절망을 어떻게 넘어갈 수 있을까요?

12절의 말씀이 중요합니다.

> 이러므로 너희로 말미암아 시온은 갈아엎은 밭이 되고 예루살렘은 무더기가 되고 성전의 산은 수풀의 높은 곳이 되리라(미 3:12).

이 말씀하고 똑같은 말씀이 예레미야 26장 18-19절 말씀입니다.

예레미야는 미가하고 동시대 사람이 아닙니다. 예레미야는 미가 시대보다 약 100년 뒤에 나타난 사람입니다. 그 당시에 100년 뒤에 나타난 하나님 백성들이 100년 전에 있었던 사건, 미가 시대에 했던 말씀, 100년 전에 했던 그 말씀을 다시 기억하면서 다시 떠올리는 말씀이 무엇인가하면 예레미야 26장 18-19절에 있는 말씀입니다.

> 유다의 왕 히스기야 시대에 모레셋 사람 미가가 유다의 모든 백성에게 예언하여 이르되 만군의 여호와께서 이와 같이 말씀하셨느니라 시온은 밭 같이 경작지가 될 것이며 예루살렘은 돌 무더기가 되며 이 성전의 산은 산당의 숲과 같이 되리라 하였으나 유다의 왕 히스기야와 모든 유다가 그를 죽였느냐 히스기야가 여호와를 두려워하여 여호와께 간구하

매 여호와께서 그들에게 선언한 재앙에 대하여 뜻을 돌이키지 아니하셨느냐 우리가 이같이 하면 우리의 생명을 스스로 심히 해롭게 하는 것이니라(렘 26:18-19).

여러분 우리가 주목해야 하는 것은 미가보다 100년 후의 사람들이 하는 말을 주목해야 합니다. 그 사람들이 하는 말이 100년 전에 미가 시대에 히스기야 왕이 미가의 말씀, 오늘 우리가 읽은 미가서 3장의 말씀을 들으면서 그들이 하나님 앞에 정신을 차리지 않았느냐, 그래서 하나님께서 히스기야의 부흥을 주시지 않았느냐, 영적인 회복, 기적을 주시지 않았느냐 하는 말입니다.

무슨 이야기입니까?

아무리 시온성전이라도 아무리 교회를 오래 다닌 사람이라도 하나님 앞에 있는 이 세 가지의 절망을 보면서도 정신을 못차리는 사람은 하나님께서 끝짱을 내겠다는 것입니다. 그런데 이 말씀을 들으면서 누가 정신을 차렸는가 하면 히스기야가 정신을 차렸다는 것입니다. 히스기야가 이 세 가지 절망을 보면서 공감을 했다는 것입니다. 그러면서 정신을 차리고 하나님 앞에 돌아섰다는 것입니다.

이 세 가지의 절망, 이것을 도대체 누가 깰 수 있으며, 무엇이 이 세 가지의 절망을 깰 수 있을까요?

그러나 오늘 성경은 이게 깨졌다고 합니다.

어떻게요?

히스기야를 통해서,

무엇이?

하나님의 말씀이.

여러분 이것은 히스기야를 깨운 말씀이고, 단단한 돌덩이를 깬 말씀입니다.

왜 그럴까요?

8절 말씀을 한 번 보십시오.

> 오직 나는 여호와의 영으로 말미암아 능력과 정의와 용기로 충만해져서(미 3:8).

내가 누구입니까?

나는 미가입니다. 미가는 내가 지금 전하는 말씀은 내 멋대로 하는 말이 아니다. 여호와의 영으로 채움 받은 말씀이다. 그렇기 때문에 이 말씀을 들으면서 세 가지의 절망을 공감할 수 있는 사람들, 공감할 뿐만 아니라, 하나님 앞에 이 세 가지의 절망 앞에 자기를 깨뜨리고, 우리가 이 말씀을 붙들고 하나님 앞에 나올 수 있는 사람이 있다면 그는 히스기야와 같이 부흥의 시대를 보게 될 것이라는 것입니다.

이 세상의 어떤 것도 이 세 가지의 절망을 깨뜨릴 수 있는 것은 없습니다. 그러나 하나님의 말씀은 깨뜨립니다. 그래서 예레미야는 하나님의 말씀을 '불이요, 반석을 치는 방망이'라고 했습니다.

우리가 함께 읽은 말씀이 바로 이 말씀입니다.

이 세 가지의 절망을 공감할 수 있습니까?

이 세 가지의 절망이 우리 속에 깊이 와 닿고 이것이 바로 내 모습이라고 공감할 수 있습니까?

이것을 제대로 공감하고 정신을 차릴 수 있다면 우리는 히스기야의 부흥을 보게 되는 것입니다.

하나님 앞에서 우리도 하나님의 사랑에 감동을 잃어버리고, 영적인 체크 기능이 망가져버리고, 죄 된 체질이 이미 우리 몸에 배어 버렸을 수도 있습니다.

그러나 우리가 하나님 말씀 앞에서 정신을 차릴 수 있다면 하나님의 신으로 감동한 이 말씀 앞에서 정신을 차릴 수만 있다면 이 말씀은 우리를 깨뜨립니다. 파고듭니다. 그리고 우리를 반드시 바꿔놓습니다.

미가 4: 1-5

¹ 끝날에 이르러는 여호와의 전의 산이 산들의 꼭대기에 굳게 서며 작은 산들 위에 뛰어나고 민족들이 그리로 몰려갈 것이라 ² 곧 많은 이방 사람들이 가며 이르기를 오라 우리가 여호와의 산에 올라가서 야곱의 하나님의 전에 이르자 그가 그의 도를 가지고 우리에게 가르치실 것이니라 우리가 그의 길로 행하리라 하리니 이는 율법이 시온에서부터 나올 것이요 여호와의 말씀이 예루살렘에서부터 나올 것임이라 ³ 그가 많은 민족들 사이의 일을 심판하시며 먼 곳 강한 이방 사람을 판결하시리니 무리가 그 칼을 쳐서 보습을 만들고 창을 쳐서 낫을 만들 것이며 이 나라와 저 나라가 다시는 칼을 들고 서로 치지 아니하며 다시는 전쟁을 연습하지 아니하고 ⁴ 각 사람이 자기 포도나무 아래와 자기 무화과나무 아래에 앉을 것이라 그들을 두렵게 할 자가 없으리니 이는 만군의 여호와의 입이 이같이 말씀하셨음이라 ⁵ 만민이 각각 자기의 신의 이름을 의지하여 행하되 오직 우리는 우리 하나님 여호와의 이름을 의지하여 영원히 행하리로다

제6장

하나님의 새로운 비전
(미 4:1-5)

오늘 본문 5절을 보시면 선지자가 너무나도 감격적인 고백을 하고 있습니다.

5절 말씀입니다.

> 만민이 각각 자기의 신의 이름을 의지하여 행하되 오직 우리는 우리 하나님 여호와의 이름을 의지하여 영원히 행하리로다(미 4:5).

이것은 감격할 때 터져 나오는 고백입니다. 우리 하나님이 너무너무 좋고 자랑스럽고 우리 하나님이 너무 영광스러우시므로 나는 영원히 하나님을 떠나지 않겠습니다. 온 민족들이 각기 자기 신의 이름으로 아무리 이야기를 해도 나는 우리 하나님 한 분을 영원히 섬기겠고 여호와 하나님을 의지하여 행하겠습니다.

우리가 대충 교회를 다닐 때는 이런 감격에 대해서 공감이 잘 안 됩니다. 그러나 우리가 하나님의 말씀을 알아가면서 살아계신 하나님을 체험을 할 때가 있습니다. 말씀 속에 하나님을 알아가고 말씀 속에 우리 하나님을 체험 하기 시작할 때 우리 속에서 이 비슷한 감격이 나오기 시작합니다.

'참 우리 하나님 놀라우신 하나님이시다. 우리 하나님 정말 너무너무 영광스럽고 좋으신 우리 하나님이시다.'

그때 우리 입에서도 이런 고백이 나오기 시작합니다.

『팡세』를 쓴 파스칼도 하나님을 체험했습니다. 그리고 나서 그가 써 놓은 메모지를 보면 다시는 하나님을 떠나지 않으리라고 되어있습니다. 오늘 똑같은 고백이 미가의 입에서도 나오고 있습니다.

우리가 하나님을 만나면 하나님을 향하여서 무미건조할 수가 없습니다. 신앙생활이 무미건조할 수가 없습니다. 오히려 신앙생활이 그렇게 벅찰 수가 없는 것입니다.

오늘 중요한 것은 왜 이런 감격스러운 고백이 나왔느냐? 하는 것입니다. 그것은 하나님의 놀라우심 앞에 압도되었기 때문입니다.

왜 압도되었습니까?

그 이유는 바로 1-4절 말씀을 하나님께 받았기 때문에 그렇습니다

이 말씀 속에서 선지자와 하나님 백성늘은 엄청난 계획을 보았습니다. 그리고 엄청난 하나님의 비전을 보았습니다. 이것을 보고 나니까 상상을 초월하시는 우리 하나님,

그 하나님 앞에 완전히 압도가 된 가운데 그 다음에 터져 나오는 고백이 5절 말씀인 것입니다.

여러분 1절 말씀을 다시 보겠습니다.

> 끝날에 이르러는 여호와의 전의 산이 산들의 꼭대기에 굳게 서며 작은 산들 위에 뛰어나고 민족들이 그리로 몰려갈 것이라(미 4:1).

하나님의 성전이 이 세상 가장 높은 꼭대기에 높이 선다는 것입니다. 그리고 이 세상에 있는 나머지 모든 산들은 작은 산이라고 말할 수밖에 없을 정도로 그렇게 탁월하게 차별되게 우리 하나님의 성전이 높이 올라가 서게 될 것이라고 말씀하고 있습니다.

이 말씀을 이해하기 위해서는 3장 제일 끝에 있는 말씀을 보아야 합니다.

미가서 3장에는 유다 나라에 있는 세 가지 절망에 대해서 말하고 있습니다.

세 가지 절망의 마지막 결론이 무엇입니까?

3장 12절에 이렇게 되어있습니다.

> 이러므로 너희로 말미암아 시온은 갈아엎은 밭이 되고 예루살렘은 무더기가 되고 성전의 산은 수풀의 높은 곳이 되리라(미 3:12).

밭을 갈아 엎어버리면 형체도 남지 않는 것처럼 예루살렘 성전도 형체도 남지 않고 파괴되게 될 것이다. 이 말씀이 3장의 결론이였습니다.

우리가 생각 없이 이 말씀을 읽으면 별로 우리 가운데 다가오지도 않고 공감이 되지도 않습니다. 그러나 구약성경을 조금이라도 아는 사람이라면 이 말씀을 우리는 쉽게 넘어갈 수가 없는 것입니다.

왜일까요?

예루살렘 성전이 파괴된다고 하는 이것은 결단코 간단한 문제가 아닙니다. 구약 시대를 살았던 구약 하나님의 백성들에게 있어서 이것은 상상할 수 없는 선언입니다.

이 부분을 우리가 잘 이해를 할 수 있어야 합니다. 구약 시대하고 우리가 지금 사는 신약 시대는 절대로 같은 시대가 아닙니다.

구약 시대에 성전이라고 하는 것은 오늘날처럼 단순한 예배당이 아닙니다.

그럼 무엇인가요?

구약 시대의 예루살렘 성전이라고 하는 것은 하나님의 통치, 하나님의 임재, 그 자체를 상징하는 곳이었습니다. 구약과 신약은 다릅니다. 구약 시대에 하나님께서는 한 장소를 지정하셨습니다. 그리고 그곳에 임재하시고 그곳에서 이스라엘을 통치하시고 온 세상 열방을 통치하십니다. 그곳에서 하나님께서는 역사를 주관하시고 하나님의 구원계획을 이루어가십니다. 그곳이 바로 예루살렘 성전입니다.

그렇기 때문에, 성전이 존재한다. 이것은 단순히 건물이 여기에 하나가 있다. 그런 뜻이 아닙니다. 성전이 존재한다고 하는 것은 하나님께서 여전히 이곳에서 통치하고 계신다. 하나님이 여기에 임재하고 계신다. 그리고 하나님의 구원계획은 변함없이 이어지고 있다.

그렇기 때문에 성전이 없어져버리면 어떻게 될까요?

그러면 문제는 대단히 심각해지기 시작합니다.

온 세상을 통치하신 하나님의 통치가 어떻게 되는 것입니까?

하나님께서 이스라엘 백성들과 함께 하겠다는 임재의 약속은 도대체 어떻게 됩니까?

장차 인간을 구원하겠다고 약속하신 하나님의 구원계획은 그러면 어떻게 된 것입니까?

이런 질문들이 나올 수밖에 없습니다. 그래서 성전이 없어진다고 하는 것은 단순히 건물 하나가 사라졌다. 그런 뜻을 내포하고 있는 것이 아닙니다. 신앙으로서는 도저히 상상을 할 수 없는 것입니다.

그런데 오늘 미가 선지자가 하나님께로부터 받은 계시의 말씀이 무엇입니까?

바로 그 말씀이었습니다. '성전이 형체도 없이 사라진다. 파괴된다. 하나님의 손으로 직접 부순다'는 것입니다.

그러면 도대체 하나님의 통치와 계획은 어떻게 되며, 이스라엘의 역사는 어떻게 되는 것일까요?

한마디로 말하면 성전이 파괴된다고 하는 것은 이스라엘

의 신앙 자체가 존재할 수가 없는 것입니다.

그러므로 이 말씀을 읽으면서 사실 우리는 좀 당황스럽습니다. 그리고 대단히 충격적인 느낌을 가지게 되는 것입니다.

그런데 오늘 이 4장 말씀이 놀라운 이유는 바로 여기에 있습니다. 하나님께서 성전이 파괴되겠다고 말씀하신 그 다음에 바로 이어서 나오는 말씀이기 때문에 오늘 이 말씀이 그렇게 놀라운 말씀인 것입니다.

다시 말하면 3장 마지막에 말씀하신 이 엄청난 말씀, 충격적인 이 말씀대로 눈에 보이는 성전은 파괴될 것입니다. 그러나 우리 하나님께서 바로 이어서 하시는 말씀이 무엇인가하면 눈에 보이는 성전은 파괴되지만 우리가 상상할 수 없는 더 놀랍고도 더 엄청난 새로운 시작이 일어나게 될것이다는 것입니다. 이것이 바로 4장 말씀입니다.

눈앞에 절망적인 하나님의 말씀을 들었지만 그럼에도 불구하고 하나님께서는 전혀 새로운 시작을 하신다는 것입니다.

그 새로운 시작이 무엇인가요?

전혀 새로운 차원의 성전을 하나님께서는 짓겠다는 것입니다.

그러면 하나님께서 새로운 차원의 성전을 짓겠다고 하신 그 성전은 어떤 곳일까요?

그리고 이 새로운 차원의 성전을 통해서 도대체 무슨 일을 만들어 내실까요?

이것이 바로 4장 1절에서 4절까지 나오는 말씀입니다.

오늘 세 가지를 말씀하고 있습니다.

첫 번째는 생명의 역사입니다.
1절 말씀을 다시 한 번 보겠습니다.

> 끝날에 이르러는 여호와의 전의 산이 산들의 꼭대기에 굳게 서며 작은 산들 위에 뛰어나고(미 4:1).

이 본문을 유의해서 보아야 합니다. 꼭대기에 굳게 선다는 것입니다. 하나님의 성전이 얼마나 높은 곳에 섰으면 나머지 있는 모든 산들은 정말로 작은 산이라고 말할 수밖에 없을 정도로 비교가 불가능할 정도로 높은 곳에 하나님의 성전이 서게 될 것이다는 것입니다.

이게 무슨 뜻입니까?

하나님의 새로운 성전은 에베레스트산 높은 꼭대기에 선다는 뜻입니까?

에베레스트산에 성전이 없습니다. 이것은 철저하게 상징적이고 영적인 의미입니다.

여기서 나오는 작은 산들이라고 말하는 작은 산이 도대체 무엇일까요?

이것을 우리가 분명하게 이해를 해야 합니다.

작은 산들이라고 하는 것은 인간이 만들어 낼 수 있는 모든 파워, 세력, 권세, 힘을 말합니다. 다시 말해서 하나님을 떠나서 인간이 만들어 낼 수 있는 이 세상의 모든 세력입니다. 그것을 권력이라고 표현할 수도 있습니다. 그것을 지식이라고 말할 수도 있습니다. 그것을 인간들이 만들어낼 수 있는 이데올로기라고도 말할 수 있습니다. 그것을 돈의 힘이라고도 말할 수 있습니다. 여하튼, 사람이 만들어낼 수 있는 모든 힘, 모든 권세, 모든 능력, 파워, 그 모든 것이 다 작은 산들이라는 것입니다. 거기에 비해서 하나님의 성전은 이것과 도저히 비교할 수 없는 높은 곳에 있다는 것입니다.

새로운 성전이 무엇입니까?

이것은 어떤 건축물이 아닙니다. 새로운 성전이라고 하는 것은 신약시대에 하나님의 아들이 이 땅에 직접 오셔서 그 하나님의 아들을 통해서 만들어진 새로운 공동체, 새로운 신약의 교회를 말하는 것입니다.

예수님을 모신 우리 한 사람 한 사람, 그리고 우리 한 사람 한 사람이 함께 모인 신약시대의 교회를 말하는 것입니다.

이제 한 번 생각을 해 보십시다.

신약시대의 교회가 예수님을 모신 우리 한 사람 한 사람, 그리고 우리가 함께 모인 교회가 이 세상의 인간들이 만든 어떤 세력보다도, 인간들이 만든 어떤 파워보다도 비교할 수 없이 높은 곳에 우뚝 서 있다는 것입니다.

우리 한 사람 한 사람은 절대로 시시하지 않습니다. 우리 앞에 진짜 눈이 활짝 열리기 시작하면 이 세상에서 제일 높은 위상에 있는 존재가 어떤 존재냐 하면 하나님의 백성들이고 교회입니다. 위상뿐만이 아니라 교회를 통해서 일어나는 역사도 마찬가지입니다.

이 세상에 어떤 세력도 그리고 이 세상의 어떤 정부도 이 세상의 어떤 군대도 손댈 수 없고 흉내조차 낼수 없는 그 일이 어디서 일어나는가 한 번 생각해 보십시오.

교회에서 일어나는 것입니다.

그것이 무엇입니까?

인간에게 제일 필요한 한 가지입니다.

인간에게 제일 필요한 한 가지가 무엇입니까?

하나님 앞에서 죽은 영혼이 살아나는 것입니다. 하나님 앞에서 죽음의 세력을 이기는 것이고, 죄의 세력을 이기는 것입니다. 이것이 인간에게 가장 필요한 한 가지입니다.

UN 미래보고서를 보니깐 앞으로 기술이 아무리 발달해도 미래사회가 되어도 없어지지 않고 살아남는 직업이 몇 가지가 있는데 그중에 한 가지가 간호사입니다. 의사들은 없어진다는 것입니다. 로봇이 수술을 다한다는 것입니다. 그런데 간호사는 없어지지 않는다고 합니다.

왜 그렇습니까?

아무리 기술이 발달하고 정밀 로봇이 나와서 수술을 다 해 준다고 해도 환자에게 필요한 것은 따뜻함이고, 죽음에 대한 공포 앞에서 위로해 주는 존재가 필요하고 사람을 돌보는 사람이 필요하다는 것입니다. 이것은 기술이 대체를 못하는 것입니다.

무슨 말입니까?

아무리 역사가 흘러서 인간의 기술이 발달해도 인간의 필요한 문제는 한 가지입니다. 아무리 역사가 흘러도 이것은 변하지가 않습니다. 인간에게 정말 필요한 영원한 숙제 한 가지, 그것은 죽음을 이기는 것입니다. 하나님 앞에서 영이 사는 것입니다. 하나님 앞에서 죽은 영혼이 살아나는 것, 바로 이것입니다.

여러분 이것을 누가 합니까?

한 번 생각해 보십시오.

인간의 지식이 얼마나 대단합니까?

수천 년 동안 축적되어온 인간의 지식은 진짜 대단합니다. 이제는 인간을 복제하겠다는 것입니다. 그러나 그 대단한 인간의 지식도 흉내낼 수 없는 것이 하나 있습니다. 그것은 죽은 한 영혼도 살려내지 못한다는 것입니다.

인간의 힘이 얼마나 대단합니까?

그런데 인간의 힘이 죽은 한 영혼도 살리지를 못합니다.

인간의 이데올로기가 얼마나 무섭습니까?

역사를 뒤집어 놓을 것 같고, 역사를 왼쪽으로 오른쪽으로 휘청거리게 하며 뒤집어 놓을 것 같은 그 이데올로기, 이것이 실제로는 한 사람의 영혼도 살려내지를 못합니다.

영혼을 살리는 능력은 어디에 있습니까?

하나님의 영과 함께 연합해버린 교회와 하나님 백성들이 모인 그곳에서만 일어납니다. 그래서 교회는 시시한 곳이 아닙니다.

아무도 흉내낼 수 없는 생명의 역사는 이곳에서만 나다납니다. 이 순간에도 바로 이 자리에서도 얼마든지 하나님의 생명의 역사가 나타나서 우리 속사람이 거듭나고 살아나는 역사들이 이곳에서 일어날 수 있다는 것입니다.

이것이 바로 우뚝 선다는 의미입니다.

두 번째는 진리의 역사입니다.

2절 말씀입니다.

> 곧 많은 이방 사람들이 가며 이르기를 오라 우리가 여호와의 산에 올라가서 야곱의 하나님의 전에 이르자 그가 그의 도를 가지고 우리에게 가르치실 것이니라 우리가 그의 길로 행하리라 하리니 이는 율법이 시온에서부터 나올 것이요 여호와의 말씀이 예루살렘에서부터 나올 것임이라(미 4:2).

여기에 시온과 예루살렘은 실제 지명이 아닙니다. 이것은 신약의 교회를 말하고 있습니다. 중요한 것은 중간부분을 유의해서 보십시오. 그가 그의 도를 가지고 우리에게 가르치실 것이라. 그래서 율법이 시온에서 나올 것이라는 것입니다.

그가 도로 가르친다고 하는데, 그가 누구입니까?

여호와 하나님 자신입니다. 이것이 하나님께서 새 성전을 통해서 하실 두 번째 약속입니다.

하나님께서 직접 진리를 가르치신다는 것입니다. 이것은 구약 시대에 상상할 수 없는 놀라운 일입니다.

하나님께서 사람에게 직접 가르치시는 역사가 일어날 때 그때 사람들은 새로운 것을 보기 시작합니다. 여태까지 자기의 머리로 자기의 눈으로 상상하고 추측했던 것과 비교할 수 없습니다.

1273년 12월 6일 토마스 아퀴나스가 예배를 드리는 중에 하나님을 체험합니다. 그리고 여태까지 자기의 손으로 썼던 『신학대전』 저술활동을 중단을 해버립니다.

왜 그럴까요?

하나님을 만나고 나니까 자기가 머리를 쥐어짜서 만든 것이 전부 무용지물처럼 느껴진 것입니다.

하나님께서 직접 성령을 통해서 우리 가운데에 말씀을 하시면 이것은 우리의 머리로 생각하는 것과 전혀 다른 것입니다. 하나님의 말씀이 우리 안에서 살아서 역사를 합니다.

덴마크의 기독교 철학자 키에르케고르가 이런 말을 합니다.

"성경은 하나님의 연애편지다."

연애편지를 읽으면 당사자는 마음에 엄청난 감동이 옵니다.

미국 프린스턴신학교에 결혼한 지 6개월 된 신학생이 유학을 갔습니다.

결혼한 지 6개월이 됐으니까 얼마나 아내가 보고 싶었겠습니까?

그래서 늘 호주머니에 아내의 편지를 넣고 다녔다고 합니다. 강의시간에도 살짝 꺼내서 보고, 시간만 나면 아내 편지를 꺼내서 본다는 것입니다. 옆에 있던 한국인 친구가 한 번 보면 됐지 뭘 그렇게 자주 보느냐고 하니 그런 소리 하지 말라는 겁니다. 자기는 편지만 펼치면 아내 얼굴이 보이고 편지만 펼치면 아내 마음이 느껴진다는 것입니다. 이

편지만 펼치면 아내가 자기 옆에서 웃고 있다는 것입니다.

하나님께서 직접 우리 가운데 진리를 말씀하시면 이것은 논리와 설득을 뛰어넘습니다. 하나님이 직접 우리 가운데 다 가오시는 것입니다. 그분이 살아서 우리에게 말씀하십니다.

그리고 그 말씀을 듣는 가운데 우리 안에 어떤 변화가 일어날까요?

우리가 상상할 수 없는 일들이 일어나는 것입니다.

구약 시대의 드보라와 같습니다. 평범한 아줌마가 하나님 말씀에 붙들리기 시작하니깐 시대를 바꾸고 나라를 바꾸고 이스라엘의 영적인 체질을 바꿔놓았습니다.

그녀는 하나님의 말씀을 받았습니다. 이것은 구약 시대에 특별한 몇 사람에게 나타난 일들이였고 몇몇 사람에게만 불이 일어났는데, 그 사람들을 구약성경은 선지자라고 말하고 있습니다.

그러나, 오늘 말씀하는 것은 이런 일들이 이제는 몇몇 사람에게만 나타나지 않는다는 것입니다. 하나님의 새로운 성전에 모인 사람들, 하나님의 성전된 우리들을 통해서 전혀 새로운 차원의 성전을 통해서 엄청난 진리의 역사가 나타나게 될 것이다는 것입니다. 성령께서 진리의 역사를 우리 가운데 부어주는 것입니다.

세 번째는 치료의 능력입니다.

3절 말씀입니다.

> 그가 많은 민족들 사이의 일을 심판하시며 먼 곳 강한 이방
> 사람을 판결하시리니 무리가 그 칼을 쳐서 보습을 만들고
> 창을 쳐서 낫을 만들 것이며 이 나라와 저 나라가 다시는 칼
> 을 들고 서로 치지 아니하며 다시는 전쟁을 연습하지 아니
> 하고(미 4:3).

이 말씀은 대단히 유명한 말씀입니다. UN 건물에 이 말씀이 새겨져 있습니다. 칼을 쳐서 보습을 만들고 창을 쳐서 낫을 만듭니다.

인류가 그토록 희망한 소망은 평화입니다.

그런데 이것이 어떻게 성취됩니까?

새로운 성전 안에서 성취된다는 것입니다.

여러분 이것은 참으로 놀라운 약속입니다.

왜 그렇습니까?

하나님의 성령께서 새로운 성전에 오셔서 새로운 차원의 성전이 만들어 지기까지 사람 속에 있는 이 분노라고 하는 것은 근본적으로 치료가 되지 않습니다. 사람 속에 있는 분노를 잠깐 가라앉혀놓을지는 몰라도 근본적으로 분노가 사라진다든지 근본적으로 분노가 치료되는 일들은 불가능했다는 것입니다.

사람 속에 있는 분노가 얼마나 무서운 것일까요?

이런 실험 결과가 있습니다.

사람 속에 분노가 가득찰 때 입김이 나오지 않습니까?

이 입김을 봉지에 모읍니다. 그래서 냉동을 시킵니다. 냉

동을 시켜가지고 그것을 쥐한테 투여를 합니다. 쥐가 2시간 만에 죽었습니다.

이것이 얼마나 무서운 독인지 모릅니다. 사람이 무서운 독을 사람 속에 가지고 있는 것입니다.

사람은 자기 속에 있는 분노를 자기의 능력으로 해결할 수가 없습니다. 다시 말씀드리지만 성령이 오시기까지 사람은 근본적으로 자기 속에 있는 분노를 다스릴 수가 없습니다. 잠깐 수양을 하면 가라앉습니다. 그런데 한 번 휘저으면 또 일어납니다.

그러나 오늘 하나님께서 새로운 성전을 통해서 나타나는 마지막 세 번째가 이 치료의 능력이 나타난다는 것입니다.

사람 속에 하나님의 성령이 부어지면 어떻게 될까요?

사람 마음속에 있는 분노를 하나님께서 뿌리를 뽑으십니다.

사람들이 자기 속에 있는 인간의 파괴된 본성을 치료할 수 있을까요?

이것은 근본적으로 불가능합니다.

여러분 영화 <벤허>에서 제일 유명한 대사가 무엇입니까?

유다 벤허가 십자가에 죽으시는 예수님의 모습을 보면서 예수님의 입에서 저들을 용서하라는 말씀을 듣는 순간에 무엇이라고 합니까?

"내가 내 속에 있는 칼이 부러지는 것을 경험했다."

여러분 부러지는 것입니다. 하나님께서 새로운 성전을 통해 약속하신 약속, 이것은 엄청난 것입니다.

오늘 이 말씀의 주인공들이 도대체 누구입니까?

여기모인 우리들입니다. 우리가 모인 교회라고 하는 곳은 시시한 곳이 아닙니다.

교회는 잠을 자고 있는 사자와 똑같습니다. 깨어나기만 하면 감당못할 것이 없습니다. 문제는 잠을 자는 것이 문제입니다.

오늘 우리 한 사람 한 사람도 마찬가지입니다. 우리 한 사람 한 사람은 정말로 잠을 자는 사자와 똑같습니다. 깨어나기만하면 감당이 안 되는 것입니다.

사도행전을 보십시오.

"저 사람들은 전염병이다"라고 합니다.

왜입니까?

감당이 안 되서 입니다.

깨어나기만 하면 감당이 안 되는 사람들이 하나님의 백성들입니다. 문제는 자고 있는 것이 문제입니다.

탁월한 권세가 오늘 우리에게 있습니다. 높은 곳에 우뚝 서 있습니다. 여기에 진리의 역사가 쏟아지게 되어있습니다. 사람이 할 수 없는 치료의 능력이 우리 가운데 나타나기 시작합니다.

여러분! 세상이 어떻게 감당합니까?

우리 안에 이 엄청난 능력이 나타나도록 하나님께서 우리에게 은혜를 주실 것입니다. 우리가 기도하면 우리 안에 있는 이 세 가지의 능력이 나타나게 될 것입니다.

제6장 하나님의 새로운 비전

미가 4: 6-13

⁶ 여호와께서 말씀하시되 그 날에는 내가 저는 자를 모으며 쫓겨난 자와 내가 환난 받게 한 자를 모아 ⁷ 발을 저는 자는 남은 백성이 되게 하며 멀리 쫓겨났던 자들이 강한 나라가 되게 하고 나 여호와가 시온 산에서 이제부터 영원까지 그들을 다스리리라 하셨나니 ⁸ 너 양 떼의 망대요 딸 시온의 산이여 이전 권능 곧 딸 예루살렘의 나라가 네게로 돌아오리라 ⁹ 이제 네가 어찌하여 부르짖느냐 너희 중에 왕이 없어졌고 네 모사가 죽었으므로 네가 해산하는 여인처럼 고통함이냐 ¹⁰ 딸 시온이여 해산하는 여인처럼 힘들여 낳을지어다 이제 네가 성읍에서 나가서 들에 거주하며 또 바벨론까지 이르러 거기서 구원을 얻으리니 여호와께서 거기서 너를 네 원수들의 손에서 속량하여 내시리라 ¹¹ 이제 많은 이방 사람들이 모여서 너를 치며 이르기를 시온이 더럽게 되며 그것을 우리 눈으로 바라보기를 원하노라 하거니와 ¹² 그들이 여호와의 뜻을 알지 못하며 그의 계획을 깨닫지 못한 것이라 여호와께서 곡식 단을 타작 마당에 모음 같이 그들을 모으셨나니 ¹³ 딸 시온이여 일어나서 칠지어다 내가 네 뿔을 무쇠 같게 하며 네 굽을 놋 같게 하리니 네가 여러 백성을 쳐서 깨뜨릴 것이라 네가 그들의 탈취물을 구별하여 여호와께 드리며 그들의 재물을 온 땅의 주께 돌리리라

제7장

벼랑 끝에 서는 용기

(미 4:6-13)

다니엘 고틀립이라는 심리학자가 쓴 책을 보니깐 이분이 자신의 사무실에 자기가 제일 좋아하는 시를 걸어놓는다는 것입니다. 그 시 제목이 <벼랑으로>라고 하는 시입니다.
내용이 이렇습니다.

> 벼랑으로 오너라
> 할 수 없어요. 무서워요.
> 벼랑으로 오라니까,
> 안돼요. 떨어질것 같아요.
> 벼랑으로 오너라
> 마침내, 벼랑으로 갔다.
> 그러자 그가 나를 밀었다.
> 그리고 그때 나는 날아올랐다.

이렇게 되어 있습니다.

여러분 어떻습니까?

그때 나는 비로소 날아올랐다.

이것이 오늘 이 말씀의 핵심이라고 할 수 있습니다.

하나님께서 우리를 벼랑으로 때로 몰아가십니다. 이것은 우리를 죽이기 위해서가 아니고, 날아올라가게 하기 위해서 그렇습니다.

하나님께서 그렇게 하시는 이유가 있습니다. 그것은 하나님 백성들에게는 영적인 날개가 있기 때문에 그렇습니다. 벼랑에서 떨어져서 망하지 않고 죽지 않고, 거기서 반드시 날아오를수 있는 영적인 날개가 있기 때문에, 하나님께서 우리를 몰아가시고 때로는 밀어내시는 것입니다.

2700년 전에 유다 백성들에게 주신 이 말씀을 우리가 명확하게 이해하기 위해서는 한 가지만 알면 됩니다. 그 한 가지가 무엇인가 하면 바로 예루살렘 성전이 무너지는 것입니다. 예루살렘 성전이 무너진다는 것은 심각한 것입니다. 이것은 한마디로 말하면 이스라엘의 신앙, 이스라엘 나라 전체가 무너지는 것을 의미한다고 말했습니다.

이 충격과 이 절망에 대한 하나님의 답변이 도대체 무엇일까요?

첫 번째는 미래적인 답변입니다.

눈에 보이는 성전은 무너지지만 새로운 차원의 성전을 일으킨다는 것입니다.

두 번째는 현실적인 답변입니다.

다시 말해서 지금 현재가 중요하다는 것입니다. 얼마 있으면 예루살렘 성전은 무너지게 될 것입니다. 그리고 하나님 백성들은 바벨론의 포로로 끌려가게 될 것입니다. 이것은 현실적인 문제입니다.

쉽지는 않겠지만 우리가 2700년 전으로 돌아가 봅시다.

그들이 부딪혀 있는 문제가 작은 문제일까요?

이것이 얼마나 고통스러운 문제인지 오늘 본문의 하나님도 그 말씀을 하십니다.

9절 말씀을 보십시오.

> 이제 네가 어찌하여 부르짖느냐 너희 중에 왕이 없어졌고 네 모사가 죽었으므로 네가 해산하는 여인처럼 고통받음이냐(미 4:9).

이스라엘 백성들이 직면해 있는 현실적인 고통을 해산하는 고통이라고 말하고 있습니다. 나라가 망하고 저 멀리 이방 땅으로 굴비처럼 다 묶여서 노예가 되어 하나님 백성들은 끌려가게 될 것입니다.

해산하는 고통, 이건 죽을 만큼 고통스럽다고 하지 않습니까?

유다 백성들이 부딪힌 문제는 작은 문제일까요?

작은 문제가 아닙니다.

사실 오늘 우리도 마찬가지입니다. 다른 사람들이 쳐다

볼 때는 우리가 부딪히는 고통이 그렇게 대수롭지 않아도 우리가 실제로 몸을 통해서 경험할 때에는 작은 문제가 하나도 없습니다. 다 고통스러운 문제를 우리는 날마다 부딪히면서 경험하면서 살고 있습니다.

일상을 살면서 기분 나쁜 일도 많고 마음에 좌절하는 생각도 많이 듭니다. 참 고난이 많습니다.

하나님께서 이 고통스러운 현실을 지금 눈앞에 두고 있는 유다 백성들에게 어떤 대답을 들려주고 계십니까?

하나님께서 오늘 세 가지를 말씀하십니다.

첫 번째는 이 고통이 너희들이 도대체 누구인지를 확증시켜주는 것이라고 말씀하고 있습니다.

6절 말씀을 보십시오.

> 여호와께서 말씀하시되 그 날에는 내가 저는 자를 모으며 쫓겨난 자와 내가 환난 받게 한 자를 모아(미 4:6).

여기에 세 부류가 나옵니다.

저는 자, 쫓겨난 자, 환난 받게 한 자,

다 같은 말인데 바벨론에 망해서 성전이 파괴되어서 다 쫓겨난 사람들, 바벨론으로 끌려간 사람들을 표현하고 있는 것입니다.

이 말씀을 이해하기 위해서는 먼저 이것을 알아야 합니다. 실제로 바벨론에 의해서 유다가 멸망을 하고 예루살렘 성전이 파괴될 때 예루살렘 안에는 두 종류의 사람이 있었습니다.

하나는 유다가 멸망을 하고 바벨론으로 끌려가지 않고 예루살렘 안에 남아있는 사람들이 있었습니다.

그들은 어떤 사람들이었을까요?

돈 있고 배경 있는 사람들이었습니다.

부자들이었고, 권력자들이었습니다. 그들은 돈 쓰고, 배경을 써서 다 빠졌습니다. 그래서 그들은 예루살렘에 남아있었습니다.

이 사람들이 생각하기에 우리가 남은 백성이 아니냐?

선지자들이 그렇게 남은 백성이라고 했는데 우리가 예루살렘에 남아있으니까 우리가 남은 백성이 아니냐?

첫 번째 부류는 남은 백성입니다.

두 번째 부류는 힘도 없고, 돈도 없고, 힘없이 바벨론에 끌려간 사람들입니다. 이 사람들은 바벨론에 끌려가서 고생을 많이 했습니다. 이 두 종류가 있었습니다.

백성들만 두 종류가 있는 것이 아니고, 선지자들도 두 종류가 있었습니다.

첫 번째 부류는 예루살렘의 남아있는 사람들이 복 받은 사람들이다. 예루살렘은 망하지 않는다. 우리는 바벨론에 멸망하지 않는다. 이게 첫 번째 부류였습니다.

두 번째 부류는 예루살렘은 망한다. 예루살렘은 바벨론에 의해서 반드시 망한다. 그래서 바벨론으로 끌려가라는 것입니다. 바벨론으로 끌려가서 거기서 하나님이 주시는 고통을 다 맛을 보면서 거기서 훈련받고 연단 받으라는 것입니다.

이 두 부류 중에 진짜는 어느 쪽이었을까요?

전자였을까요?

후자였을까요?

예, 후자였습니다.

예레미야 같은 사람들이 후자였습니다. 바벨론을 통한 이 고통 속에 끌려가라는 것입니다. 그리고 그 속에서 하나님의 연단의 손길, 고통의 손길을 경험하자는 것입니다.

예루살렘에 힘 있고 돈 있는 사람들은 이것이 싫은 것입니다. 고난을 좋아할 사람은 아무도 없습니다. 그러나 문제가 무엇인가 하면 하나님의 손길입니다. 하나님의 손길이면 예레미야 같은 선지자는 그것을 받자는 것입니다. 그리고 믿음으로 통과를 하자는 것입니다.

그런데 예루살렘에 있는 사람들은 이것이 싫은 것입니다. 그래서 돈 쓰고 뒤로 힘써서 다 빠져버렸습니다.

그리고 나서 우리가 남은 사람들이 아니냐?

예레미야가 하는 말은 천만의 말씀이다. 너희들은 절대 남은 자들이 아니다.

오늘날도 마찬가지입니다. 고통과 어려움 앞에서 두 부류가 있습니다. 한 부류는 정신을 바짝 차려 기도하면서 고통을 통과하려고 하는 사람입니다. 그러나 또 한 부류는 고통이 찾아오면 잔머리 굴리는 사람입니다.

평상시에는 머리가 안 좋다가 고난이 딱 오면 머리가 기차게 돌아가는 것입니다. 예루살렘에 남아있는 사람은 그런 사람들이었습니다. 고통에 부딪히기 시작하니까 머리가 돌아가는데 놀랍게 돌아가는 것입니다. 그런데 하나님께서 너희들은 하나님 백성이 아니라고 말씀하십니다.

중요한 것은 그러면 오늘 미가 선지자는 무엇이라고 말씀하고 있느냐 하는 것입니다.

미가는 어느 쪽입니까?

전자입니까?

후자입니까?

예, 후자입니다. 미가도 예레미야와 똑같은 말씀을 하고 있습니다. 미가가 하는 말이 저는 자, 쫓겨난 자, 환난을 받게 한 자, 그들이 남은 백성이 된다는 것입니다. 이것이 하나님의 말씀입니다. 다시 말하면 고통을 받는 너희들이 주인공이라는 것입니다. 너희들이 고통을 받고 있으므로 주인공이라는 것입니다. 이 말은 참 귀한 말이고 중요한 말입니다. 고통이 있으니까 오히려 하나님 백성이라는 것입니다.

고통이 우리에게 주는 최고의 축복이 무엇인지 아십니까?

그것은 바로 우리의 신분을 확인하게 합니다. 우리의 정체성을 확인하게 합니다. 고통이 있으니까 주인공입니다. 너희들이 고통이 있으니까 너희들이 남은 백성이라고 하는 것이 미가가 말씀하는 첫 번째 메시지입니다.

히브리서에는 고통이 없으면 사생아라고 말합니다.

예를 들면, 어떤 집에 양아들이 있었습니다. 그는 부모들이 난 친아이들과 함께 자랐습니다. 부모는 양아들이 마음에 상처를 받을까봐 잘 때리지 못했습니다. 혹시라도 차별 받는다고 생각할까 봐서. 그런데 어느 날, 이 아빠가 양아들을 불러놓고 매를 들어서 때렸습니다.

그런데 이 양아들이 난생처음 아빠한테서 매를 맞고나서 손을 들고서 만세를 불렀다는 것입니다.

왜일까요?

'아버지가 나를 때리는 걸 보니 내가 진짜 아들이 맞구나.'

여태껏 이 양아들이 가진 불만은 한 가지였습니다. 형들은 때리는데 자기는 안때리는 것이 불만이었습니다.

'나도 맞아봤으면 좋겠다.'

왜죠?

저걸 맞아야 자기가 진짜 아버지 아들이 된다는 걸 느낄 것이기 때문입니다.

고통이 좋다는 것이 아닙니다. 중요한 것은 우리가 부딪히는 고통은 우리의 신분을 확인하게 합니다. 쫓겨난 자, 저는 자, 환난을 받는 자, 너희들은 고통을 받기 때문에 내 백성이 맞다는 것입니다. 이것이 중요한 말씀입니다.

고통 속에서 하나님의 자녀 된 것을 확신하게 되는 것입니다.

필립 켈러가 쓴 『양과 목자』라는 책이 있습니다. 필립 켈러가 어느 날 양을 사러 시장에 갔습니다. 양을 한 300마리를 사는데, 돈을 다 지불을 하고 나서 양을 인수하는 데 장사꾼이 날카로운 칼도 주더라는 것입니다.

이것이 무엇입니까?

양이 당신 양이 되었으니 표시를 해야 할 거 아닙니까?

목자가 양의 귀에다가 예리한 칼로 긋습니다. 고통스럽습니다. 칼의 상처가 나는데, 이 상처는 내가 주인의 양이라고 하는 지워지지 않는 표시였습니다. 이때 필립 켈러가 크게 깨달았다고 합니다. 그렇구나. 하나님께서 우리에게 상처를 통해서 하나님 백성 된 것을 입증하신다는 것을 깨달은 것입니다.

바울은 이렇게 말합니다.

"내가 예수의 흔적을 내 몸에 가졌다."

우리가 잘했던지, 잘못했던지 상관없이 하나님께서 우리에게 고통을 직면하게 하실 때는 제일 먼저 그 속에서 들어야 할 메시지가 있습니다. 이것은 고통이 아니면 절대로 들을 수 없는 메시지입니다.

"너는 진짜 내 백성이다."

예루살렘에 남아있는 백성들은 가짜였습니다. 그들은 육신의 고통은 면했을지는 몰라도 그것이 하나님 백성이 아니라는 증거였습니다. 이것이 하나님의 첫 번째 메시지입니다.

두 번째는 강한 나라가 되게 한다는 것입니다.

7절 말씀을 보십시오.

> 발을 저는 자는 남은 백성이 되게 하며 멀리 쫓겨났던 자들이 강한 나라가 되게 하고 나 여호와가 시온 산에서 이제부

터 영원까지 그들을 다스리리라 하셨나니(미 4:7).

주인공들이 고통을 받아야만 되는 이유는 강한 나라가 되게 한다는 것입니다.

예루살렘의 성전이 무너지고 이억 만 리 포로지로 끌려갈 때 그때 하나님께서 가지고 계신 하나님의 변치 않는 목적이 하나 있었습니다. 그것은 이 백성들을 반드시 강한 나라로 내가 만들고야 말겠다는 것입니다.

왜 하나님께서 벼랑 끝으로 몰아가셨습니까?

날아오르게 하려고.

프랭클린 루즈벨트 대통령 부인 엘리느 루즈벨트 이분이 잘하는 말이 있었다고 합니다.

"여자는 차를 담는 티백과 같다. 평소에는 진가가 나타나지 않는데 뜨거운 물이 오면 그 속에 진가가 우러나오게 되어있다."

저는 이 여자라는 말 대신에 성도로 바꾸면 좋겠습니다.

성도는 차를 담는 티백과 같습니다. 평소에는 맛이 안 나옵니다. 그런데 고통이 오면 맛이 나오기 시작합니다. 뜨거운 물이 들어오면 우러져 나오기 시작합니다.

가수 박진영이 이런 말을 했습니다.

"우리나라 사람들은 왜 자식들에게 돈을 물려주고 싶어 하는지 이해가 안 됩니다. 배가 고파서 굶어 죽을까 봐 그러는 것 같은데 그게 참 답답합니다. 배가 고파서 굶어 죽을까 봐 걱정하는 그 순간에 진정한 실력이 나오는 건데 말이죠."

평상시에는 이것이 안 나옵니다. 평상시에는 영적인 실력이 안 나오게 되어있습니다. 하나님께서 우리를 강한 백성 만들기 위해서 우리에게 고통을 주십니다.

종교개혁을 했던 마틴 루터, 우리가 마틴 루터를 생각할 때 상당히 많이 오해합니다. 제일 큰 오해 중의 하나가 마틴 루터는 체질상 강한 사람이었다고 생각합니다. 그런데 이 사람 굉장히 소심한 사람이었습니다. 루터가 처음에 비텐베르그에서 수도사 역할을 할 때 로마교황청에서 나온 사람들이 비텐베르그 도시에서 면죄부를 팔 때 협상을 처음에 했다는 것입니다. 여기서 만큼은 제발 면죄부를 팔지 마십시오. 그런데 로마교황청이 거기서 면죄부를 계속 파니까, 이 사람이 이러면 안 되는데 하면서 마음에 고통이 있어서 95개 조 반박문을 써서 비텐베르그대학 정문에 못 걸고, 후문 구석에 95개 조 반박문을 걸었습니다.

루터가 나중에 보름스 회의에 전 유럽의 황제와 제후들이 모인 그 자리에서도 처음부터 믿음의 용사답게 막 외쳤을까요?

아닙니다. 처음에는 "루터여 대답하라"고 했을 때 마음이 떨려서 "하루만 시간을 주십시오"라고 말했습니다. 그리고 나서 자기 방에 들어가서 "하나님 저를 도와주십시오. 저는 자신이 없습니다. 저는 약합니다" 하고 밤새도록 기도했습니다. 다음날 성령께서 힘을 주셔서 그 보름스 회의장에서 이 면죄부가 틀렸다고 외칩니다.

그리고 나서 자기 방에 들어와서 문이 꽝 닫히는 순간에 손을 들고 깡충깡충 뛰면서 외쳤다고 합니다.

"해냈다. 해냈어. 해냈다. 해냈어."

루터는 체질상 강한 사람이 아닙니다. 약한 사람입니다.

하나님께서 이 백성들에게 하시는 두 번째 대답이 바로 이것입니다.

> 나의 가는 길을 오직 그가 아시나니 그가 나를 단련하신 후에 내가 정금같이 나오리라(욥 23:10).

그들을 단련하신 후에 정금같이 강한 나라로 세우실 것입니다.

세 번째는 강한 나라로 너희들이 세워질 것이기 때문에 이 고통을 피하지 말라는 것입니다.

10절 말씀입니다.

> 딸 시온이여 해산하는 여인처럼 힘들여 낳을지어다 이제 네가 성읍에서 나가서 들에 거주하며 또 바벨론까지 이르러 거기서 구원을 얻으리니 여호와께서 거기서 너를 네 원수들의 손에서 속량하여 내시리라(미 4:10).

해산하는 고통을 느끼겠지만 끝까지 견디고 전진하라는 것입니다. 싸우라는 것입니다. 끝까지 인내하라는 것입니다. 왜냐하면, 하나님께서 너희들을 통해서 반드시 강한 나라를 만들 계획을 세우고 계시기 때문이라고 합니다.

강원도 정선에 금광을 캐던 동굴이 있습니다. 깊이 들어가면 금광을 캐던 것들을 전시했는데, 그중에 아주 긴 유리로 쇼윈도를 해 놓고 나서 거기에 도깨비 인형들을 꽉 채워 놓았습니다. 그리고 그 밑에 글을 하나 써 놓았습니다.

"사람들은 도깨비가 도깨비 방망이로 뚝딱 하면 금이 나오는 줄 아는데, 천만의 말씀입니다. 도깨비도 금을 녹여서 제련하지 않으면 달리 금을 만들 방법은 없습니다."

도깨비도 금을 못 만든다는 것입니다. 도깨비도 제련해야 금이 나온다.

하나님께서 하나님 백성들을 바꾸시는 데 고통이 필요하다는 것입니다. 그러니까 하나님께서 하시는 말씀은 절대로 흔들리지 말고 밀리지 말고 끝까지 이 고통을 기도하면서 통과하라는 것입니다. 반드시 약속이 있다는 것입니다.

11절이 바로 그 말씀입니다.

> 이제 많은 이방 사람들이 모여서 너를 치며 이르기를 시온이 더럽게 되며 그것을 우리 눈으로 바라보기를 원하노라 하거니와 누가 이런 이야기를 하느냐(미 4:11).

원수들이 하는 말이 시온이 더럽게 되며 그 말을 한다는 것입니다. 하나님 백성들이 더럽게 될 것이라고 조롱한다는 것입니다.

그러나 하나님께서는 무엇이라고 말씀하십니까?

12절 말씀입니다.

> 그들이 여호와의 뜻을 알지 못하며 그의 계획을 깨닫지 못한 것이라(미 4:12).

계획이 뭐예요?

이것을 통해서 강한 나라로 만드실 하나님의 비밀스러운 계획을 저들이 모르기 때문에 저런 소리를 한다는 것입니다. 그러므로 너희는 그런 소리에 조금도 개의치 말고 계속 나가라는 것입니다.

무하마드 알리를 아십니까?

이 알리가 전설적인 복서가 될 때까지 그 사람의 연습 상대가 있었습니다. 그가 누군가 하면 데리 홈스였습니다. 이 사람이 무하마드 알리를 때려눕힌 사람입니다. 그런데 평소에 알리가 이 데리 홈스를 참 무시했다고 합니다. 너는 기껏해야 내 스파링 상대밖에 안 된다. 너는 연습할 때 매맞는 상대밖에 안 된다고 하면서 멸시를 했다고 합니다. 그런데 이 굴욕을 참아가면서 데리 홈스가 견딥니다. 그리고 나중에 데리 홈스가 이 알리를 때려눕혀 버립니다. 그리고 세계 챔피온이 됩니다. 그때 데리 홈스가 쓰러진 알리를 향해서 이렇게 말했다고 합니다.

"알리, 당신이야말로 나의 최고의 스파링 상대였소."

그러니깐 데리 홈스가 알리의 스파링 상대인 것 같았는데 사실은 그 속에 알리를 때려눕히는 엄청난 한 사람이 자라고 있었습니다.

눈에 보기에 하나님 백성들이 얻어맞는 것 같고, 눈에 보기에 하나님 백성들이 무시를 당하는 것 같고, 눈물의 골짜기를 통과하는 것 같은데, 사실은 그렇지 않습니다.

하나님께서 이 백성들에게 너희들은 반드시 강한 나라로 나타날 것이다. 그러므로 이것을 통과하라는 것입니다.

13절 말씀입니다

> 딸 시온이여 일어나서 칠지어다 내가 네 뿔을 무쇠 같게 하며 네 굽을 놋 같게 하리니 네가 여러 백성을 쳐서 깨뜨릴 것이라 네가 그들의 탈취물을 구별하여 여호와께 드리며 그들의 재물을 온 땅의 주께 돌리리라 네 뿔을 무쇠 같게 하며 네 굽을 놋 같게 하리니(미 4:13).

여러분이 그리고 이 땅의 교회가 무쇠 같고 놋같이 될 줄 믿습니다.

미가 5:1-6

¹ 딸 군대여 너는 떼를 모을지어다 그들이 우리를 에워쌌으니 막대기로 이스라엘 재판자의 뺨을 치리로다 ² 베들레헴 에브라다야 너는 유다 족속 중에 작을지라도 이스라엘을 다스릴 자가 네게서 내게로 나올 것이라 그의 근본은 상고에, 영원에 있느니라 ³ 그러므로 여인이 해산하기까지 그들을 붙여 두시겠고 그 후에는 그의 형제 가운데에 남은 자가 이스라엘 자손에게로 돌아오리니 ⁴ 그가 여호와의 능력과 그의 하나님 여호와의 이름의 위엄을 의지하고 서서 목축하니 그들이 거주할 것이라 이제 그가 창대하여 땅 끝까지 미치리라 ⁵ 이 사람은 평강이 될 것이라 앗수르 사람이 우리 땅에 들어와서 우리 궁들을 밟을 때에는 우리가 일곱 목자와 여덟 군왕을 일으켜 그를 치리니 ⁶ 그들이 칼로 앗수르 땅을 황폐하게 하며 니므롯 땅 어귀를 황폐하게 하리라 앗수르 사람이 우리 땅에 들어와서 우리 지경을 밟을 때에는 그가 우리를 그에게서 건져내리라

제8장

한 왕이 오신다

(미 5:1-6)

음악이나 드라마에는 클라이막스가 있는데, 미가서라는 성경에 클라이막스는 바로 우리가 읽은 이 부분입니다.

절망 중에서 희망을 말할 수 있는 모든 희망의 근거, 그 뿌리에는 도대체 무슨 근거가 있었을까요?

성경은 딱 하나의 초점을 우리에게 제시하고 있는데, 그것은 한 왕이 오신다는 것입니다.

한 왕이 오시고 다스릴자가 베들레헴 에브라다에서 오신다는 것입니다. 그런데 중요한 것은 그 왕이 도대체 누구냐 하는 것입니다.

왕이 오시기는 오시는데, 그 왕이 도대체 어떤 분이시냐? 이 질문 앞에서 성경이 우리 앞에 내 놓는 대답은 "그 왕의 근본은 상고에 영원이니라"입니다.

쉬운 말로 하면 그 왕은 단순한 인간 왕이 아니라, 그의 근본이 영원계에 속하신 한 분, 다시 말하면 오실 왕은 피조물이 아니라는 말입니다.

그 왕의 근본은 상고에 영원에 있느니라.

이 땅에 한 왕이 오시기는 오시는데 그분은 사람인 동시에 하나님, 영원한 하나님의 본체이십니다. 영원계에 속하신 그분이 이 땅에 오시는 것입니다.

16세기의 영성가, 아빌라의 테레사가 있습니다. 이분이 어느날 깊이 기도하는 중에 하나님의 음성을 듣습니다.

'테레사야, 너 안에 나를 가두려고 더 이상 수고하지 말아라. 그 대신에 네가 내 안에 갇히도록 하라.'

여러분 바로 이해가 되시죠?

다시는 너에게 나를 가둘려고 수고하지 말아라. 하나님을 가둘 생각을 하지 말아라. 그 대신에 네가 하나님 안에 갇히도록 하라.

이 음성이 테레사의 마음을 때렸습니다.

'예 주님, 저는 이제부터 크신 하나님을 내 안에 가두지 않겠습니다. 그리고 바로 제가 주님 안에 갇히겠습니다. 제가 하나님 안에 갇힐수 있도록 주여 도와주소서.'

여기서 테레사가 비로소 자유를 얻었다고 말하고 있습니다.

오실 왕은 하나님이십니다.

우리의 지성 안에 하나님을 가둘 수 있을까요?

세상에서 제일 어리석은 것이 있다면 우리의 지성을 가지고 하나님을 가두려고 하는 사람입니다. 이것은 불가능한 것입니다.

내가 그분 안에 갇힐 수밖에 없습니다. 사람이 하나님 앞에 자유를 얻을 수 있는 길은 내가 하나님 앞에 갇히는 것이며, 내가 이 진리를 내 머릿속에 구겨 넣을 생각을 할 것이 아니라, 그 진리 앞에 내 자신을 오히려 던지는 것입니다. 그 앞에서 감격하고 찬송하는 것입니다.

<달마야 놀자>라는 영화가 있는데, 절에서 대장 스님이 수도승들을 두 편으로 나누어서 문제를 내는 것입니다.

어떤 문제를 내느냐 하면 큰 항아리를 주는데 이 항아리에다가 물을 채워야 합니다. 그런데 문제는 항아리 밑바닥이 깨진 것입니다. 깨진 항아리에다가 물을 빨리 채우는 것이 시험입니다.

시간을 정하고, 시작을 했는데, 수도승들이 난리가 났습니다. 바가지로 물을 퍼넣는데 아무리 퍼넣어도 담기지가 않습니다. 나중에는 바가지가 아니라 양동이로 통째로 들어 붓는데도 안 되는 거예요. 수도승들이 신고 있던 고무신을 가지고 틀어막아서 한 번 담아 보려고 했는데 그래도 안 되는 것입니다. 밑이 깨진 항아리에 물이 차지 않습니다. 시간이 얼마 남지 않았습니다. 그때 한 수도승이 소리를 지르는 것입니다.

"들고 뛰어."

들고 물이 가득한 연못으로 뛰어들어가라는 것입니다. 그리고 그 연못에다가 깨진 항아리를 통째로 집어 던집니다.

아무리 깨진 항아리라고 해도 이 항아리 자체가 연못 속으로 들어가면 그 항아리는 넘치게 되어있습니다. 그 항아리에 물이 가득넘치는 것입니다.

대장 스님이 깜짝 놀랍니다.

저걸 어떻게 알았지?

제가 이 장면을 보면서 크게 은혜를 받았습니다.

여러분 인간은 깨진 항아리입니다. 인간은 죄인이요, 인간의 지성은 망가졌습니다.

이 깨진 항아리에 하나님이 담아질까요?

인간은 깨진 항아리인지라 하늘의 물을 아무리 담으려고 해도 담을 방법이 없습니다. 방법은 딱 하나밖에 없습니다. 깨어진 항아리를 통째로 연못으로 던지는 것입니다. 깨진 항아리와 같은 우리 자신을 통째로 넘치는 하나님께 우리 자신을 던지는 것입니다. 이 엄청난 진리 앞에 우리 자신을 던지는 것 외에는 다른 방법이 없습니다.

하나님을 우리에게 가두려고 하는 것이 아니고, 내가 하나님께 오히려 갇혀야 되는 것입니다. 여기에 자유가 있습니다.

미가서는 우리에게 기독교의 복음의 핵심을 전하고 있습니다.

"그의 근본은 영원계에 속하신 그분, 하나님의 본체가 피조물들 속으로 들어오실 것이다."

이 위대한 진리 앞에 아무리 우리가 오래 앉아 있어도 지나치지 않습니다. 아무리 많은 생각을 해도 지나치지 않습니다.

깊이 생각하면 생각할수록 우리에게서 어떤 반응이 나올까요?

그 앞에서 우리가 찬송이 나오게 될 것입니다. 여러분의 마음의 감격이 우리 속에 꽉 차게 될 것입니다. 이 복음의 핵심 앞에 우리가 서기만하면 우리 입에서 찬송이 나오고 자유를 경험하고 그 앞에서 우리가 박수를 치지 않을 수가 없습니다.

아폴로 15호가 달에 착륙하고 돌아왔을때, 조정했던 제임스 어윈이라는 조종사가 있습니다. 이분은 굉장히 신실한 그리스도인이였습니다. 사람들과 언론이 이 사람이 달을 걷고 왔다고 해서 이 사람이 지구에 도착하자마자 인터뷰 세례가 쏟아졌습니다. 그런데 이 사람이 거기서 아주 의미심장한 말을 했습니다.

"여러분은 제가 달을 걸었다는 이유로 신기하게 생각하고 저를 중요하게 생각하지만 그보다 비교할 수 없이 더 놀랍고 더 중요한 것은 하나님의 아들이 이 땅에 오셔서 친히 이 땅을 걸으셨다고 하는 사실, 저는 그것이 훨씬 더 놀랍습니다."

참 멋있는 말입니다.

내가 달에 가서 걸었다는 것이 그렇게 중요한 일이 아니고, 하나님의 아들이 이 땅에 오셔서 그가 친히 발을 딛고 이 땅을 걸으셨다고 하는 이 사실이 훨씬 더 놀랍지 않느냐는 말입니다.

이 감격이 우리 속에도 일어나게 될 것입니다.

그리고 이 앞에 제대로 서기만 하면 우리가 이 세상에서 하지 못할 일이 도대체 무엇이 있을까요?

우리가 이 세상에서 이기지 못할 것이 무엇이 있을까요?

넘어가지 못할 시험이 도대체 무엇이 있을까요?

내가 하나님 앞에서 하지 못할 희생이 도대체 무엇이 있을까요?

요점은 이겁니다.

그가 누구십니까?

그 왕이 도대체 무슨 일을 하셨는가 하는 것입니다.

첫째, 3절 말씀입니다.

> 그러므로 여인이 해산하기까지 그들을 붙여 두시겠고 그 후에는 그의 형제 가운데에 남은 자가 이스라엘 자손에게로 돌아오리니(미 5:3).

이 말씀은 이것입니다. 이스라엘 백성들이 포로로 끌려갈텐데 임신한 여인이 해산을 하기까지 다시 말해서 한 왕이 여자에게서 태어나기까지 포로로 끌려갔던 이스라엘 백성들에게 진정한 해방은 없다. 그말입니다.

역사적으로 미가의 말씀이 있고 난 후에 유다 백성들은 바벨론으로 포로로 끌려갑니다. 그리고 70년 포로생활을 하고 다시 돌아옵니다.

그럼 예수님은 언제 오셨을까요?

70년 포로생활에서 다시 돌아온 뒤로, 약 400년 후에 예수님이 이 땅에 오십니다.

그럼 이게 도대체 무슨 말씀일까요?

지금 성경이 말씀하는 것은 바로 이런 뜻입니다. 이스라엘이 바벨론의 포로로 끌려가서 다시 70년 후에 예루살렘으로 돌아왔다고 하는 이 사실, 이것은 진정한 의미에서 해방은 아니다 그 말입니다.

진짜 해방은 언제 옵니까?

진짜 해방은 한 왕이 오셔야 되요. 이스라엘이 바벨론에서 다시 돌아온 것은 모형에 불과합니다. 모형하고 실체는 다릅니다.

이건 모형에 불과하고 진짜 해방, 실제 해방은 언제 옵니까?

한 왕이 여자에게서 태어나서 그때서야 비로서 진정한 해방이 있다는 것입니다. 그때서야 진정한 돌아옴이 있다는 것입니다.

다시말하면 진정한 의미에서의 해방과 자유는 이 왕이 여자에게서 태어나기 전에는 안 된다는 것입니다.

오늘 이 말씀 그대로 우리의 왕 그리스도께서 이 땅에 오시기까지 진정한 해방은 없었습니다.

왜 그렇습니까?

이 왕이 오시기까지 인간의 죄는 손도 댈 수 없었습니다. 성경은 인간의 문제는 죄 문제라고 합니다.

왜입니까?

죄가 인간 세상을 엉망진창으로 만들었고, 죄가 하나님을 이 세상에서 쫓아내버렸고 죄가 인간 영혼을 완전히 썩어지게 만들었다. 이게 문제라는 것입니다.

사람 속에 있는 죄성이라고 하는 것이 진짜 문제고, 이것이 하나님도 몰아내고 이것이 이 세상을 엉망으로 만들었으며 이것이 사람 영혼 속을 썩어지게 만들었습니다.

폐결핵을 앓고 있는 한 남자를 어떤 목사님이 고쳐주었습니다. 그런데 어느날 그 부인이 목사님을 찾아와서 목사님을 붙들고 통곡을 하는 것입니다. 당신이 자기 남편을 죽였다는 것입니다. 그 이유가 건강해지고 나니까 술먹고 돌아다니다가 길에서 얼어 죽었다는 거예요. 고치지 않았으면 아직까지 살아있었을텐데 그 사람을 고쳐놓아서 돌아다니면서 술먹다가 길에서 얼어죽었다는 것입니다.

폐결핵이 문제가 아니었습니다. 그 목사님 말씀이 크게 깨달은 게 있답니다.

'사람의 문제는 폐결핵이 문제가 아니구나. 사람의 문제는 그 속에 죄성이 문제구나.'

여러분 이걸 기억하십시오. 죄를 해결하는 분은 하나님 한 분밖에 없습니다. 이것을 깊이 생각해야 합니다.

다윗이 못합니다. 삼손이 못합니다. 모세도 안 되게 되어 있습니다.

죄 문제는 하나님께서 직접 오셔야만 합니다.

아마 여러분 마음속에 이런 질문이 하나 생길 것입니다.

'아니 목사님, 왜 그렇습니까?'

'목사님, 죄 문제만큼은 하나님께서 직접 오셔야만 되는 이유가 무엇입니까?'

그 대답은 간단합니다.

죄라고 하는 것은 하나님께 상처를 주는 것이기 때문입니다. 다시 말하면 주인이신 하나님께 상처를 주는 것이 죄입니다. 하나님은 주인이시기 때문입니다.

한 번 생각을 해 보십시오. 우리가 다른 집에 손해를 끼쳤습니다.

그러면 우리가 누구한테가서 사과를 해야 합니까?

당연히 주인에게 가서 해야죠.

옆집에 있는 개를 걷어찼어요.

개한테가서 사과합니까?

아니죠. 주인에게 가야죠. 주인에게 가서 용서를 받아야 이게 용서가 되는 것이지, 개가 용서했다.아무리 개가 용서해도 이건 용서가 안 되게 되어있습니다. 주인이 용서를 해야 용서가 됩니다.

죄는 주인이신 하나님께 상처를 주는 것입니다. 그러니깐 주인이 직접 용서를 하지 않으면 이건 절대로 용서가 안 되게 되어있습니다.

여러분! 생각해 보십시오.

누가 여러분에게 상처를 주었습니다. 그러면 여러분이 직접나서서 그 죄에 대해서 상처에 대해서 여러분이 용서를 해야지, 여러분은 용서하지 않았는데 친구가 나타나서 내가 다 용서했습니다 하면 용서가 되는 겁니까?

안 되는 거예요. 죄는 상처를 받은 자신이 직접 나서서 용서를 해야 용서가 되는 것입니다.

누가 상처를 받았습니까?

제8장 한 왕이 오신다

주인이신 하나님께서 상처를 받았어요. 그러니깐 하나님이 직접 나서야 되고, 하나님이 직접 오셔야 되요.
그래서 5절 상반절을 보시면 이렇게 되어있습니다.

> 이 사람은 평강이 될 것이라(미 5:5 상반절).

평강이 되는 것이 여기에 있습니다. 임신한 여인에게서 한 왕이 태어나야만 그때에서야 비로서 진정한 용서가 있고 해방이 있고 그래서 영혼이 살아날 수가 있습니다.
그 왕이 하시는 일이 무엇입니까?

둘째, 4절 말씀입니다.

> 그가 여호와의 능력과 그의 하나님 여호와의 이름의 위엄을 의지하고 서서 목축하니 그들이 거주할 것이라 이제 그가 창대하여 땅 끝까지 미치리라(미 5:4).

"하나님의 능력과 여호와의 이름의 위엄을 의지하고 서서."
이건 밀착해 있다는 말입니다.
머릿속에 그림을 하나 그려보십시오. 공중에 물통이 하나가 있습니다. 그 밑에 사람이 있습니다. 이 물통에서 사람으로 향해서 한 방울도 물이 떨어진 적이 없습니다. 그런데 누군가가 와서 이 물통과 사람 사이에 빨대를 연결했습니다. 그 위에 있던 물통에서 물이 빨대를 통해서 끊임없이 쏟아지는 것입니다.

이 왕이 하는 일이 무엇입니까?

바로 이 빨대 역할을 한다는 것입니다. 의지하고 서서 밀착해서 위의 것을 땅에 쏟아지게 만든다는 것입니다.

왕이 올때까지 그런 일이 없었느냐?

없었다 그 말입니다.

왕이 올 때까지는 위로부터 생명의 물통에서 물이 제대로 떨어진 적이 있느냐?

제대로 떨어진 적이 없습니다.

모세를 통해서 선지자를 통해서 전부 맛배기를 보았을 뿐 실제로 하늘에 있는 생명의 능력이 땅으로 쏟아진 적은 없었습니다.

그러나 이분이 오니깐 어떻게 되었습니까?

이분이 오니까 방울 방울로 떨어진 것이 아니고 바로 떨어진다는 것입니다.

하늘에 속한 신령한 능력과 좋은 것들이 땅으로 쏟아진다는 것입니다. 그래서 그 영혼들을 살찌게 한다는 것입니다.

셋째, 5-6절 말씀입니다.

> 이 사람은 평강이 될 것이라 앗수르 사람이 우리 땅에 들어와서 우리 궁들을 밟을 때에는 우리가 일곱 목자와 여덟 군왕을 일으켜 그를 치리니(미 5:5).

> 그들이 칼로 앗수르 땅을 황폐하게 하며 니므롯 땅 어귀를 황폐하게 하리라 앗수르 사람이 우리 땅에 들어와서 우리 지경을 밟을 때에는 그가 우리를 그에게서 건져내리라(미 5:6).

여기서 앗수르, 니므롯은 상징적인 의미입니다.

무슨 상징일까요?

하나님을 대적하는 세력입니다. 니므롯이라고 하는 것은 창세기에 나오는 고대 영웅을 말하는데, 철저하게 자기를 믿는 세력, 철저하게 하나님을 대적하는 세력, 철저하게 하나님을 인정하지 않고 하나님 백성을 삼키려고 하는 세력, 앗수르와 니므롯입니다.

이 세상은 우리를 삼키려고 합니다. 하나님 백성들을 오늘도 삼키려고 하고 있고, 하나님을 대적하고 있습니다.

예수님 오신 이후로 이천 년이 지난 지금까지 이것은 계속되고 있고 우리 주님 다시 오실 때까지 계속될 것입니다.

교회와 하나님 백성들은 세상과 어둠의 권세에 공격을 받게 되어있습니다. 앗수르와 니므롯의 공격을 받게 되어있습니다.

중요한 것은 이럴 때에 이 왕이 하는 일이 도대체 무엇이냐입니다.

"앗수르와 니므롯을 왕이 오셔서 밟으실 것이다"라고 말씀하지 않습니다. 일곱 목자와 여덟 군왕을 일으킨다고 되어있습니다. 여기 일곱은 칠이 아니고, 이건 완전수입니다. 충분함을 상징합니다. 충분히 많은 목자에요. 충분히 많은 하나님의 사람들이에요. 그 사람들을 왕이 일으킨다는 거예요.

여덟 군왕.

그러면 여덟은 무엇일까요?

이것은 칠 더하기 일입니다. 다시 말하면 충분한 용사가 아니고, 더더 충분한, 더 충분하게 더 많은 군왕이 나씨르라는 표현입니다. 기름부음 받은자입니다. 다시 말하면 헌신된 믿음의 용사들을 일으킨다. 더 충분한 용사를 일으킨다는 것입니다.

이런 용사들, 이런 일꾼들을 일으켜서 뭐하느냐?

싸운다 그 말입니다. 하나님을 거스리는 세상과 우리 주님이 싸운다는 것입니다.

우리 가운데 오신 왕 예수 그리스도는 지금도 변함없이 하시는 일이 있습니다. 그것은 오늘도 사람들을 일으키고 있습니다. 용사들을 세우고 있습니다. 충분히 많이 세우고 있습니다. 더더 충분히 세우고 있다는 것입니다.

그러면 우리는 어디에 있습니까?

우리는 그 속에 포함이 되어있는 것이지요.

"목사님 나는 별로 그런거하고 상관없는데요."

아닙니다. 우리가 예수님을 믿자마자 우리는 그 속에 포함이 되어있고 그렇게 되게 되어있습니다. 그래서 싸우는 것입니다.

우리는 일곱 목자, 여덟 군왕 속에 포함이 되어있습니다. 왜죠?

예수님을 믿기 때문입니다.

하나님은 하나님 백성을 통해서 싸웁니다. 이걸 유의해서 보십시오. 하나님께서 충분히 많은 용사들을 일으켜 세워서 그들을 통해서 하나님 나라의 싸움을 싸운다 그 말입니다. 우리가 생각하기에는 참 이상한 것이 위대한 왕이 오셔서 직접 하시면 참 편할텐데 그 왕이 혼자와서 혼자서 싸우고 혼자서 이기고 혼자서 밟으면 간단한데, 왕이 와서 입김만 불면 모든게 다 끝날것 같은데, 그렇게 안하셔요.

그런데 왜 우리와 같은 사람들을 충분히 많은 용사들에 포함시켜서 우리를 통해서 세상을 이기려고 하는 이유가 도대체 무엇인지 저도 그걸 모르겠어요.

그러나 우리 주님은 옛날이나 지금이나 똑같습니다. 그리고 앞으로도 똑같습니다. 변함이 없습니다. 하나님께서 이 세상과 싸우는 방식은 똑같습니다. 우리를 통해서 싸우는 것입니다. 우리와 같이 평범하고 연약한 우리들, 하나님께서 오늘도 우리를 통해서 싸우는 것입니다.

여기 세 가지가 나옵니다.

그 왕이 오셔서 하시는 일이 무엇입니까?

첫째, 죄를 용서해서 해방을 시키고, 사람을 오늘도 살려놓습니다.

둘째, 살려놓은 사람을 영혼의 풍성한 하늘의 것으로 그 사람에게 공급해서 먹이는 것입니다. 살찌우는 것입니다. 풍성케하는 것입니다.

셋째, 그 사람을 영적인 군사로 일으켜서 싸우게 하는 것입니다.

세 가지를 한마디로 말하면 살리고, 먹이고, 세우는 것입니다. 이걸 우리 왕께서는 지금도 하고 계시고 지금도 이 일을 하고 계시는 것입니다.

이 주님께 강력히 쓰임받는 저와 여러분이 되시길 주님의 이름으로 축복드립니다.

미가 5:7-8

⁷ 야곱의 남은 자는 많은 백성 가운데 있으리니 그들은 여호와께로부터 내리는 이슬 같고 풀 위에 내리는 단비 같아서 사람을 기다리지 아니하며 인생을 기다리지 아니할 것이며 ⁸ 야곱의 남은 자는 여러 나라 가운데와 많은 백성 가운데에 있으리니 그들은 수풀의 짐승들 중의 사자 같고 양 떼 중의 젊은 사자 같아서 만일 그가 지나간즉 밟고 찢으리니 능히 구원할 자가 없을 것이라

제9장

새 백성의 정체성
(미 5:7-8)

오늘 우리가 읽은 이 말씀의 핵심은 정체성입니다.

우리는 보통 우리 자신에 대해서 어떤 자화상을 가지고 있습니다. 자화상이라고 하면 내가 가지고 있는 나 자신에 대한 그림입니다. 나는 못난 사람, 나는 잘난 사람, 이런 자화상이 있습니다. 누구든지 다 가지고 있고 이것을 말로 표현을 하지 않는다고 해서 이런 자화상이 없는 것이 아니라는 것입니다.

우리는 이것을 다른 말로 정체성이라고 말합니다.

나는 누구냐?

나는 나를 누구라고 생각하느냐?

우리는 정체성을 다 가지고 있습니다. 정체성 없이 사는 사람은 없습니다.

기독교 상담을 전공하신 정태기 박사님 말에 의하면 사람은 누구든지 한 사람도 예외 없이 자기 마음속에 운전사를 가지고 있다고 합니다.

'나는 겁이 많고 수줍은 겁쟁이다.'

이런 정체성을 가지고 있는 사람은 이것이 자기의 정체성이 되고 이 정체성이 자기의 운전사가 되어서 한평생 자기의 인생을 끌고 간다고 합니다.

정태기 박사는 어릴 때부터 늘 아버지한테 억눌려서 기가 죽어서 살았기 때문에 이 사람은 자기가 어른이 되어도 사람들 앞에 서면 겁이 나고 두려워서 말을 잘 하지 못했다고 합니다. 그래서 두려움 많은 겁쟁이 이것이 자기의 자화상이었고 이것이 자기 속 깊은 곳에 있는 정체성이었고 이것이 자기의 인생을 끌고 가는 운전사였습니다. 그래서 나이 서른이 넘어서 유학을 가서도 자신의 지도교수 앞에서 할 말을 잘 못 했다고 합니다. 이 겁쟁이라고 하는 정체성이 자기를 끌고 다녔습니다.

그래서 우리 인생이 정말 새로운 인생이 되기 위해서는 제일 먼저 무엇을 바꾸어야 되는가 하면 바로 이 내 안에 있는 내 인생의 운전사, 우리의 정체성을 바꾸어야 합니다.

예수님께서 가이사랴 빌립보지역에서 제자들에게 물었습니다.

"너희는 나를 누구라 하느냐?"

예수님의 정체성에 대해 한 번 말해 보라는 것입니다.

성경학자 가운데서는 이 말씀을 설명하면서 사실 이 말씀 속에는 숨겨져 있는 예수님의 또 다른 질문이 있다고 설명을 하고 있습니다.

"너희는 나를 누구라 하느냐?"

이 질문에 대답할 수 있는 사람은 반드시 두 번째 질문도 대답할 수 있어야 한다는 것입니다.

그 속에 숨어 있는 질문이 뭔가 하면, 너희는 너희 자신을 누구라 하느냐?

이게 한 쌍이라고 설명합니다.

다시 말해서 우리가 예수님을 만나고 나면 예수님이 누구신지를 우리는 알게 되고 예수님의 정체성을 확신합니다. 예수님의 정체성을 확신한 사람은 반드시 두 번째 대답이 나오게 되어있다는 것입니다.

그것은 너희는 너희 자신을 누구라 하느냐?

이 말을 이해하시겠습니까?

우리가 예수님을 분명히 만나고 나면 그 다음에는 자동으로 내가 누구냐?

예수님을 믿는 나는 도대체 누구냐 하는 것을 알게 된다는 것입니다.

요점은 이것입니다. 우리의 인생이 달라지기 위해서는 정체성이 달라지는 데서부터 우리의 새로운 인생이 출발합니다.

우리가 하나님을 만나면 왜 우리의 인생이 달라집니까?

하나님을 만나고 나면 반드시 내가 누구냐 하는 내 정체성이 새롭게 정리가 됩니다. 나라고 하는 정체성이 새롭게 정리가 되고 달라지면 그 정체성이 우리의 인생을 운전하기 시작하고 그 사람의 인생은 반드시 그 사람이 가지고 있는 정체성대로 그 인생은 만들어지게 되어있습니다.

우리의 정체성이 확실히 달라지면 반드시 우리의 인생은 달라지게 되어있습니다. 이것은 굉장히 중요한 것입니다.

어느 교회 집사님이 신실한 그리스도인이 되기 전에 고등학교를 마치고 대학합격증을 받아놓고 나서 아주 기분 좋게 놀고 있는 2월 무렵에 어머니와 함께 점쟁이를 찾아갔다고 합니다. 그 점쟁이가 아주 용한 점쟁이였다는 것입니다. 그런데 이 점쟁이가 이 집사님을 딱 보자마자 하는 말이 관상을 보니깐 당신은 장차 영부인이 될 관상을 타고 태어났다는 것입니다. 이것을 듣고 있던 어머니가 흥분했습니다. 그리고 복채를 듬뿍 놓고 돌아왔다고 합니다.

이 점쟁이 말에 그렇게 기분이 좋았다는 것입니다. 그날부터 집안에 분위기가 완전히 달라졌다고 합니다.

왜죠?

집 안에 장차 영부인이 될 분이 계시잖아요.

아버지가 술을 먹고서 늦게 들어오면 어머니가 "아니 대통령 사위 볼 사람이 이래도 되느냐?" 하고 잔소리를 하더라는 것입니다.

대학에 들어가서 미팅을 할 때마다 초긴장입니다.

왜죠?

장래 대통령이 자기 앞에 나타날지 모른다는 생각에 어떨 때는 함부로 미팅을 나가지도 못했다고 합니다.

몇십 년 후면 자기가 지금 9시 뉴스에 영부인으로 나올 텐데 아무 남자나 만나고 다니면 그 남자가 나중에 9시 뉴

스를 보면서 저 여자 미팅할 때 만난 여자라고 할까 봐 나갈 수가 없었다는 것입니다. 그리고 대학을 다니면서 얼마나 공부를 열심히 했는지 모른다고 합니다. 왜냐하면, 영부인 성적표가 공개되면 나중에 골치 아픈 일이 생기지 않을까 하는 두려움에서 였습니다.

저는 이 이야기를 들으면서 정체성의 위력을 느낍니다. 가짜도 이렇게 위력이 있습니다.

가짜도 이렇게 위력이 있다면 진짜 정체성의 위력은 얼마나 클까요?

이건 가짜입니다. 그분 아직까지 영부인 안 됐습니다.

'내가 누구라고 인식하느냐' 하는 정체성이 우리의 인생을 끌고 가게 되어있습니다.

'내가 쓸모없는 사람이다.'

이 그림을 딱 가지고 있으면 그 사람은 반드시 그렇게 살게 되어있습니다.

혹시 우리 가운데 이런 정체성을 이미 가지고 있는 분은 없습니까?

'나는 별 볼 일 없는 사람이다.'

이것을 바꾸지 않고서는 우리는 절대로 새로워지지 않습니다.

프랜시스 맥너트라고 하는 분이 계십니다. 이분이 사람들을 상담하는 중에 재미있는 것을 발견했습니다.

절망적인 사람들, 인생에 대해서 죽겠다고 말하는 사람들, 하나님이 자기를 사랑하지 않고 자기 인생은 끝났다고 생각하는 사람들, 이 사람들을 모아놓고서 하루는 숙제를 냈습니다. 종이를 주면서, 자기 자신에 대해서 느껴지는 대로 그림을 한 번 그려서 제출하라고 했습니다.

그랬더니 어떤 사람은 눈먼 독수리를 그렸습니다. 어떤 사람은 냄새피우는 스컹크를 그렸습니다.

이것이 무엇을 의미합니까?

날개 달린 독수리는 독수린데 날고 싶어도 눈이 멀어서 날지도 못하고 볼 수도 없는, 눈먼 독수리가 자기의 정체성이었습니다.

또 자기는 냄새만 피우는 스컹크와 같은 존재다. 이것이 자기 속에 있는 자기에 대한 그림이었고 정체성이었습니다. 역겨운 냄새만 피우는 존재. 그러니 자기의 인생이 그렇게 나타나고야 말았다는 것입니다.

우리 안에 이 그림이 있는 한 우리의 인생은 절대로 새로워지지 않습니다.

우리가 하나님을 만나고 나면 가장 먼저 하시는 일이 너희는 너희 자신을 누구라고 생각하느냐? 하는 물음입니다.

이 대답을 우리가 할 수 있어야 합니다.

제일 중요한 일이 바로 이것입니다.

애굽에서 노예로 살던 이스라엘 백성들을 하나님께서 광야로 끌어내십니다. 광야로 끌어낸 이스라엘을 제일 먼저 시내산으로 데려가십니다. 시내산에서 제일 중요한 일을 하십니다. 그것은 바로 이 백성과 하나님 사이에 언약을 맺는 것입니다. 이제는 노예 백성이 아니고, 이제는 하나님 백성이 되는 것입니다. 하나님 백성이 되고 난 뒤에 그때부터 이제 가나안을 향해서 총진군하는 것입니다.

그런데 총진군하기 위해서 하나님께서 하나님 나라를 세우기 위해서 모인 하나님의 백성들에게 제일 첫 번째로 하는 준비가 무엇입니까?

그들이 도대체 누군지를 말씀하고 있습니다. 정체성을 하나님이 만들어내고 있습니다.

'너희들은 이제는 더 이상 노예가 아니다. 너희들은 하나님의 군사다.'

그래서 민수기 1장에는 군사대로 숫자를 세고 있습니다.

만약 이것이 준비가 안 되었는데 진군 앞으로 가...

안 된다는 것입니다. 가나안으로 출발조차도 하지 못합니다. 광야 생활, 시작도 못합니다. 이것이 안 되면 하나님 백성으로서 출발도 되지 않습니다.

오늘 성경 본문 말씀에서 바로 이 문제를 말씀하고 있습니다. 제일 중요한 것을 말씀하고 있습니다.

너희들이 도대체 누구냐?

앞뒤 문맥을 살펴봐야 본문을 더 잘 이해할 수 있습니다.

미가서 5장은 미가서의 가장 중요한 클라이맥스입니다.

미가서 5장에는 세 가지가 나온다고 했습니다.

첫째, 오실 메시아가 도대체 누구냐?
둘째, 메시아는 이 땅에서 무엇을 하느냐?
셋째, 그가 오셔서 하신 일의 결과가 무엇이냐?

미가서 5장에 첫 번째 말씀하신 것은 오실 그 왕이 도대체 누구냐 하는 것입니다. 그분은 사람인 동시에 하나님 자신입니다. 그의 근본은 상고에 영원입니다.

그가 와서 하실 일은 무엇입니까?

사람을 살리는 것입니다. 사람을 먹이는 것이고, 사람을 세워서 이기게 하는 것입니다.

그가 이 일을 하신 결과는 무엇일까요?

한마디로 말하면 새로운 정체성을 가진 새로운 백성들이 만들어진다는 것입니다. 이것이 그가 하신 일의 결과입니다.

중요한 것은, 새로운 정체성을 가진 새로운 백성들, 이때 새로운 백성이 만들어진다는 것이 오늘 우리에 관한 이야기입니다. 그들이 가지고 있는 새로운 정체성이라고 하는 것은 우리가 이것을 만들거나, 이것을 우리가 취한 것도 아닙니다. 예수님을 믿고 하나님 백성이 된 사람들에게 하나님께서 우리에게 주신 정체성이고 우리 안에 하나님께서 형성시켜 주신 정체성입니다.

이것은 대단히 중요한 것입니다. 만약 우리가 그 정체성을 만들었다고 하면 그것은 없어질 수도 있습니다. 그러나 내가 만든 정체성이 아니라, 하나님께서 우리에게 만들어주신 정체성이라면 이것은 문제가 좀 달라지는 것입니다. 하나님께서 우리에게 정체성을 만들어주셨다면 이것은 변하지 않습니다. 절대로 바뀌지 않습니다. 내 기분하고 아무 상관이 없습니다. 내가 기분이 좋을 때는 정체성이 있고, 기분이 좋지 않으면 정체성이 없고, 이것이 아닙니다.

이것은 사실이고 느낌하고 상관없는 실재 그 자체인 것입니다.

그렇다면 하나님께서 오늘 우리 안에 만들어 놓으신 정체성이 도대체 무엇일까요?

오늘 본문을 가지고 그 해답을 찾아보겠습니다.

본문은 두 가지로 명확하게 말씀하고 있습니다.

첫째, 7절 말씀입니다.

> 야곱의 남은 자는 많은 백성 가운데 있으리니 그들은 여호와로부터 내리는 이슬 같고 풀 위에 내리는 단비 같아서 사람을 기다리지 아니하며 인생을 기다리지 아니할 것이며 (미 5:7).

이슬과 단비입니다. 이것이 하나님께서 우리에게 만들어 주신 첫 번째 정체성입니다.

예수 그리스도께서 이 땅에 오시고 그가 우리를 위해서 구원의 역사를 만들어 내신 결과가 어떻게 나타났습니까?

이 정체성을 우리에게 만들어 놓으셨습니다.

팔레스틴에는 비가 자주 오지 않고 일 년에 두 번 비가 오는 때가 정해져 있습니다. 그래서 팔레스틴에서 이슬과 단비라고 하는 것은 생명하고 직결이 됩니다. 그만큼 중요한 것입니다.

만약 비가 와야 할 때 비가 오지 않으면 굶어 죽는 사람이 여기저기서 나옵니다. 짐승은 말할 것도 없습니다.

그러면 비가 오지 않는 건기에는 이 사람들이 어떻게 살아남을까요?

비가 안 올 때는 어떻게 사느냐?

이슬로 농사를 짓습니다. 밤새 이슬이 내릴 때 이 이슬을 먹고서 풀이 자라납니다. 그러니깐 일단 이슬이 있으면 생명이 죽지는 않습니다. 여기서 말하는 단비라는 것과 이슬이라는 것은 바로 이런 것입니다.

엘리야 선지자 시대에 하나님께서 3년 반 동안 비를 내리지 않으셨습니다. 그런데 성경을 자세히 읽어보면 비가 안 왔다가 아니고 우로가 안 왔다고 되어 있습니다. 우로는 말 그대로 비 우(雨)에 이슬 로(露) 자입니다. 한마디로 이슬까지 말라버린 것입니다.

이슬까지 말라 버렸을 때 이스라엘은 어떻게 되었습니까?

죽음의 땅이 된 것입니다.

다시 말하면 이슬과 단비라는 말은 세상을 살리는 생명 같은 존재라는 것입니다.

누가 그렇다는 말입니까?

바로 저와 여러분이라는 것입니다.

오늘 우리는 누구냐?

예수 그리스도는 어떤 정체성을 가진 백성을 만드셨느냐?

하나님 백성의 정체성은 무엇이냐?

한마디로 이슬과 단비입니다. 한마디로 생명 그 자체입니다.

우리는 이 세상에 생명 같은 존재들입니다.

뒤집어 말하면 예수 그리스도가 만든 새 백성이 없으면 이 세상은 어떻게 되겠습니까?

죽습니다.

이것이 동화책 같은 이야기로 들리십니까?

아니 나 자신은 별 볼 일 없는 사람인데, 괜히 성경에서 듣기 좋으라고 그런 소리 하는 거 아닙니까?

천만의 말씀입니다.

이것은 듣기 좋으라고 하는 말이 아니고, 사실 그 자체입니다. 하나님께서 우리를 보시기에 분명히 우리는 이슬입니다.

왜 그렇습니까?

예를 들면, 어느 도시에 다 쓰러져가는 건물이 있다고 생각해 보십시오. 그 도시에 시장님이 보기에 이 건물은 쓸모가 없습니다.

그럼 어떻게 될까요?

별로 쓸모가 없는 건물은 당연히 허물어야 하겠죠.

그런데 문제가 무엇이냐?

그 건물 안에 시장님의 아들이 그 속에 있습니다.

그러면 그 건물을 포기할 수 있을까요?

그 건물을 포기하지 않습니다.

왜죠?

아들 때문에 끝까지 견딥니다. 끝까지 기다립니다. 건물에 미련이 있어서 그런 것이 아니고 아들 때문에 그런 것입니다. 마치 이와 같습니다.

하나님께서 이 세상을 볼 때 하나님의 눈은 이와 비슷합니다. 이 세상 천지 만물은 죄로 오염되어 있습니다. 그래서 하나님의 아들들이 나타나기를 기다린다고 로마서에서 말씀합니다.

하나님께서 보시기에는 당장이라도 이 세상을 다 허물고 새 하늘과 새 땅을 짓고 싶은 마음이 굴뚝 같습니다. 그러나 하나님께서 이 세상을 마지막까지 포기할 수 없는 이유가 있습니다.

그 이유가 무엇입니까?

이곳에 당신의 아들과 딸들이 있으므로 그렇습니다. 그래서 이곳에서 그의 아들과 딸들을 다 구해낼 때까지 하나님께서는 시간을 연장하십니다.

이 덕을 보고 있는 사람이 누구입니까?

아직 예수님 안 믿는 사람들이 이 덕을 보고 있고 아직까지 기회를 얻고 있는 것입니다.

우리는 이런 존재들입니다. 우리가 하나님의 아들과 딸들입니다. 우리가 최고로 귀중한 존재들입니다. 우리가 있으므로 이 세상을 하나님께서 귀하게 보십니다.

니느웨 속에 하나님 백성이 있으므로 니느웨를 귀하게 보십니다. 니느웨를 포기하지 않습니다.

우리는 이슬 그 자체입니다.

이 인식이 여러분 속에 있습니까?

이 자부심이 여러분 속에 있습니까?

나를 위해서 하나님의 아들이 생명을 버렸고, 그 결과 나라고 하는 존재가 이 세상에서 하나님의 보배가 되었습니다.

나 때문에 하나님께서 이 세상 전체를 소중하게 보고 있습니다. 그러므로 더 이상 사람을 의지하지 않습니다. 왜냐하면, 이 자부심이 있으므로 그렇습니다.

이 정체성을 가지느냐 가지지 않느냐 이 싸움에 우리 인생에 승과 패를 결정하게 되어있습니다.

둘째, 8절 말씀입니다.

> 야곱의 남은 자는 여러 나라 가운데와 많은 백성 가운데에 있으리니 그들은 수풀의 짐승 중의 사자 같고 양 떼 중의 젊은 사자 같아서 만일 그가 지나간즉 밟고 찢으리니 능히 구원할 자가 없을 것이라(미 5:8).

두 번째 하나님 백성의 정체는 사자입니다.

왜 그렇습니까?

성령이 충만하기만 하면 그 속에 본성이 나오기 시작합니다.

그 속에 본성이 나오는데 어떤 본성이 나옵니까?

사자 본성이 나옵니다.

옛날에 우리가 어릴 때 본 영화 중에 <헐크>가 있습니다. 헐크는 열 받으면 옷을 찢어버립니다. 그러면서 괴력이 나옵니다. 하나님 백성들은 성령 충만할 때 우리 속의 본성이 나옵니다.

예수님께서 이런 말씀을 하셨습니다.

"너희가 내가 했던 것보다 더 큰일을 하리라."

왜 그렇습니까?

우리가 성령 충만하기만 하면 우리를 통해서 성령께서 못 할 일이 없습니다. 우리 존재의 본질은 영이기 때문에, 시간과 공간을 초월해서 전 세계를 기도로 싸울 수 있습니다. 기도로 전 세계를 품을 수 있는 사람이 한 사람의 그리스도인입니다. 엄청난 것입니다.

우리 안에 정체성을 발견하면 세상을 일곱 번 뒤집고도 남습니다. 전 세계를 품고서 기도할 수 있는 사람, 그리스도인 한 사람입니다.

영국의 메리 여왕이 한 말입니다.

"나는 존 낙스의 기도가 무섭다. 수많은 군대보다 존 낙스의 기도가 훨씬 더 무섭다."

중요한 것은 우리의 정체성을 확인하는 것입니다.

제가 군대에 있을 때 나무 위에 올라가서 나무를 잘라야 하는 데, 아무도 못 올라간다는 것입니다. 그런데 제가 하루는 깜짝 놀랐습니다. 누가 주임상사 오신다고 하니까 순식간에 기어 올라갑니다. 제가 그때 깜짝 놀랐습니다. 사람이 가지고 있는 잠재력이 놀라웠습니다. 10미터를 몇 초 안에 올라가 버렸습니다.

비서 새라는 새를 들어보셨습니까?

이 새는 아프리카에 서식하는데, 원래 이 비서 새는 굉장히 높이 날아올라 갈 수 있는 날개를 가지고 있습니다.

그런데 이 새는 위험이나 두려움 앞에 직면하면 날개 자체를 펴지 못합니다. 땅에 딱 붙어서 기어 다닌다는 것입니다. 그래서 땅에서 잡힙니다. 날개를 한 번도 펴지 못하고 땅에서 딱 잡힙니다.

하나님 백성들은 어쩌면 이 비서 새 하고 비슷합니다. 우리가 성령 충만하지 않을 때, 우리가 두려울 때 희한하게 날개도 못 폅니다. 어떤 사람은 날개가 있는지도 모릅니다.

그 이유가 무엇일까요?

정체성을 모르기 때문에 그렇습니다.

그러나 성경은 우리에게 말씀하기를 하나님 백성들은 사자라는 것입니다. 성령 충만하기만 하면 우리는 다 이길 수 있습니다. 온 세상을 한 사람의 그리스도인이 다 품을 수도 있습니다.

우리가 예수 그리스도를 주인으로 모셨을 때 우리에게 나타난 가장 큰 변화는 다른 것이 아닙니다.

정체성이 변합니다.

너희는 나를 누구라 하느냐?

예수님의 정체성을 알고 난 사람에게 예수님이 다시 질문하는 것입니다.

너희는 너희 자신을 누구라 하느냐?

여기서부터 모든 것이 다 결정이 납니다.

우리는 세상을 적시는 이슬이요, 세상을 바꾸는 사자라는 것을 기억하고 담대하게 승리하시기를 축복합니다.

미가 6:1-8

¹ 너희는 여호와의 말씀을 들을지어다 너는 일어나서 산을 향하여 변론하여 작은 산들이 네 목소리를 듣게 하라 하셨나니 ² 너희 산들과 땅의 견고한 지대들아 너희는 여호와의 변론을 들으라 여호와께서 자기 백성과 변론하시며 이스라엘과 변론하실 것이라 ³ 이르시기를 내 백성아 내가 무엇을 네게 행하였으며 무슨 일로 너를 괴롭게 하였느냐 너는 내게 증언하라 ⁴ 내가 너를 애굽 땅에서 인도해 내어 종 노릇 하는 집에서 속량하였고 모세와 아론과 미리암을 네 앞에 보냈느니라 ⁵ 내 백성아 너는 모압 왕 발락이 꾀한 것과 브올의 아들 발람이 그에게 대답한 것을 기억하며 싯딤에서부터 길갈까지의 일을 기억하라 그리하면 나 여호와가 공의롭게 행한 일을 알리라 하실 것이니라 ⁶ 내가 무엇을 가지고 여호와 앞에 나아가며 높으신 하나님께 경배할까 내가 번제물로 일 년 된 송아지를 가지고 그 앞에 나아갈까 ⁷ 여호와께서 천천의 숫양이나 만만의 강물 같은 기름을 기뻐하실까 내 허물을 위하여 내 맏아들을, 내 영혼의 죄로 말미암아 내 몸의 열매를 드릴까 ⁸ 사람아 주께서 선한 것이 무엇임을 네게 보이셨나니 여호와께서 네게 구하시는 것은 오직 정의를 행하며 인자를 사랑하며 겸손하게 네 하나님과 함께 행하는 것이 아니냐

제10장

하나님께 실망했을 때
(미 6:1-8)

오늘 성경 본문에 보면 하나님께서 이 유다 백성을 불러내고 있습니다. 그런데 그냥 부르는 것이 아니라 마치 어떤 법정으로 불러내듯이 공식적인 재판자리를 만들어서 그들을 불러내고 있습니다.

1-2절 말씀을 읽겠습니다.

> 너희는 여호와의 말씀을 들을지어다 너는 일어나서 산을 향하여 변론하여 작은 산들이 네 목소리를 듣게 하라 하셨나니 너희 산들과 땅의 견고한 지대들아 너희는 여호와의 변론을 들으라 여호와께서 자기 백성과 변론하시며 이스라엘과 변론하실 것이라(미 6:1-2).

하나님께서 증인들을 세웠습니다. 산들과 땅들이 증인들입니다. 증인들을 세웠다고 하는 것은 지금 공적인 자리를 만들어서 공식적으로 변론을 하고 있는 그런 장면입니다.

왜 이런 자리가 필요했을까요?

그것은 하나님 백성들 속에 있는 하나님에 대한 실망과 의심 때문에 그렇습니다.

오늘 본문 말씀이 왜 중요한가 하면 하나님에 대해서 실망과 의심이라는 것에 대해서 자유로운 사람이 있을까요?

없습니다.

필립 얀시라는 기독교 작가는 하나님 백성 중에서 누구도 실망이라고 하는 덫으로부터 안전한 사람은 없다고 이야기합니다. 하나님 백성 중에서 누구도 실망의 덫으로부터 자유로운 사람이 없다는 것입니다.

성경에 나오는 믿음의 사람들도 다 하나님에 대한 실망과 의심 때문에 마음속에 깊은 고민을 할 수밖에 없었습니다. 느닷없이 예상하지 못한 어려움이 생긴다든지 아니면 가족 중에 누군가가 갑자기 사고를 당한다든지, 아무리 기다려도 하나님의 응답은 보이지 않는다든지, 이럴 때 우리의 마음속에 하나님에 대한 실망과 의심이 쌓이기 시작합니다.

그래서 3단계가 있다고 합니다.

첫 번째 단계는 작은 실망들이 하나씩 하나씩 쌓이는 단계입니다.

두 번째 단계는 그 실망이 의심의 싹으로 변하는 단계입니다.

세 번째 단계는 이 의심의 싹이 자라고 자라서 어느 순간에 분노와 배신감이 폭발하면서 하나님을 향해서 "하나님이 살아계실까?" "하나님을 신뢰할 수 있을까?" "하나님 정말 지금도 나를 향하여서 관심이 있을까?"라는 질문을 하게 되는 단계입니다.

미가 시대에 하나님 백성들, 그들이 하나님을 향해서 가지고 있었던 것은 바로 이러한 마음이었습니다. 하나님을 향한 불만과 불편함이 그들 속에 꽉차 있었습니다. 이것을 3절 말씀을 보면 알 수 있습니다.

> 이르시기를 내 백성아 내가 무엇을 네게 행하였으며 무슨 일로 너를 괴롭게 하였느냐 너는 내게 증언하라(미 6:3).

불만이 꽉 차 있는 유다 백성들에 대해서 하나님께서 이렇게 말씀을 하고 있습니다. 미가 시대에 하나님 백성들은 출애굽을 한 지 약 700년이 지났습니다.

출애굽 한 이후로 한 700년 동안 이스라엘 백성들의 삶의 형편이 어떠했을까요?

대부분이 약하고 궁핍했습니다. 다윗과 솔로몬 시대는 특별한 시대였습니다. 특별하게 반짝 강성하고 부유했는데, 다윗과 솔로몬의 시대를 제외하면 거의 대부분 이스라엘은 약하고 궁핍했습니다.

여러분, 생각을 해 보세요.

거의 한 700년 가까이 잠깐 이 세상에서 빛을 보는 것 외에는 대부분이 고생하고 큰소리 제대로 치지 못하고 주위에 있는 가나안 나라들은 훨씬 더 강하고 훨씬 더 잘살고, 이것을 하나님 백성들이 보고 사는 가운데 마음속에 하나님을 향해서 가지고 있는 그 마음의 불만의 싹이 자라나기 시작하는 것입니다.

미가 시대에도 마찬가지였습니다. 미가 시대에도 북쪽 이스라엘은 벌써 망하고 끝장이 나버린 그런 상태입니다. 그리고 남쪽 유다도 앗수르라고 하는 제국에 의해서 끊임없이 협박과 위협을 당하고 있는 그런 상태에 있는 것입니다. 고생과 어려움도 시간이 지나면 괴롭고 힘이 들기 시작하고 믿음 좋은 사람도 약해지게 되어있습니다.

'믿음으로 살았는데 계속해서 궁핍할 때, 그때 하나님이 나를 사랑하시는가?'

그런 생각이 드는 것입니다.

여기에 대해서 오늘 하나님께서 이 백성들을 공적으로 불러서 산과 땅을 증인으로 세워서 하나님께서 답변하십니다. 그런데 주의할 것은 이 답변이 끝난 뒤에 하나님의 백성들 고백이 6-8절 말씀까지입니다. 하나님의 백성을 대표해서 미가 선지자가 하나님 앞에 엄청난 영광송을 올려드리고 있습니다.

> 내가 무엇을 가지고 여호와 앞에 나아가며 높으신 하나님께 경배할까 내가 번제물로 일 년 된 송아지를 가지고 그 앞에

> 나아갈까 여호와께서 천천의 숫양이나 만만의 강물 같은 기름을 기뻐하실까 내 허물을 위하여 내 맏아들을, 내 영혼의 죄로 말미암아 내 몸의 열매를 드릴까 주께서 선한 것이 무엇임을 네게 보이셨나니 여호와께서 네게 구하시는 것은 오직 정의를 행하며 인자를 사랑하며 겸손하게 네 하나님과 함께 행하는 것이 아니냐(미 6:6-8).

이것은 엄청난 영광송인데 도대체 이 영광송을 드리게 되는, 불만의 자리에서 영광송으로 이것이 변하게 되는 그 과정은 어떤 과정이 있을까요?

그것은 당연히 하나님 말씀을 들었기 때문에 그렇습니다.
그러면 그 말씀이 어느 부분입니까?
4-5절 말씀입니다.

> 내가 너를 애굽 땅에서 인도해 내어 종노릇 하는 집에서 속량하였고 모세와 아론과 미리암을 네 앞에 보냈느니라 내 백성아 너는 모압 왕 발락이 꾀한 것과 브올의 아들 발람이 그에게 대답한 것을 기억하며 싯딤에서부터 길갈까지의 일을 기억하라 그리하면 나 여호와가 공의롭게 행한 일을 알리라 하실 것이니라(미 6:4-5).

여기서는 3가지의 말씀을 하고 있습니다.

첫째, 내가 너를 애굽 땅에서 인도해 내어 종노릇하는 집에서 속량했다.

둘째, 모세와 아론과 미리암을 보내어 네 앞에 행하게 했다.

셋째, 내 백성아 너는 모압 왕 발락이 꾀한 것과 브올의 아들 발람이 그에게 대답한 것을 기억하라.

그러고 나서 마지막 결론의 말씀을 하는데, 그것이 5절 하반절 입니다.

> 싯딤에서부터 길갈까지의 일을 기억하라 그리하면 나 여호와가 공의롭게 행한 일을 알리라 하실 것이니라(미 6:5).

이것이 마지막 결론적인 말씀입니다.

하나님께서 답변하신 답변은 이 백성의 마음을 완전히 돌이키기에, 충분한 말씀이었습니다.

첫 번째 답변은 "내가 너를 애굽 땅에서 인도해 내어 종노릇하는 집에서 속량했다"입니다.

애굽 땅에서 종노릇한 집에서 너를 속량했다.

이것이 무슨 의미일까요?

자유를 주고 해방을 주었다.

이런 뜻일까요?

이것이 핵심이 아닙니다. 자유를 주고 해방을 준 것은 출발이고 내가 너희를 애굽 땅 종노릇한 데서 속량해서 이제는 하나님과 분리될 수 없는 너희들과 한 덩어리가 되게 했다는 것입니다.

노예들을 속량했다고 하는 것은 돈 주고서 노예를 샀다는 말입니다. 하나님께서 돈 주고 이스라엘 노예들을 사서 광야에 풀어놓았다가 아닙니다. 노예들을 속량한 뒤에 제일 먼저 그들을 데려간 곳은 시내산이었습니다. 이것이 중요합니다.

시내산에서 무슨 일이 있었습니까?

시내산에서 하나님과 하나님 백성 사이에 언약을 맺은 것입니다. 이 언약을 맺었다고 하는 것은 두 당사자가 공적인 관계 속으로 들어가는 것입니다. 공적인 관계 속으로 들어가서 다시는 떨어질 수 없는 운명공동체로 두 당사자가 붙어 버리는 것입니다.

우리가 1-2절 말씀에서 하나님께서 이스라엘을 부르실 때 그냥 부르지 않고 이스라엘을 공적으로 불러내시는 그 이유를 우리는 여기서 알 수 있습니다. 왜 이스라엘을 그냥 부르지 않고 마치 법정의 증인을 소환하고, 법정과 같은 공적인 모습을 갖추고 그렇게 해서 변론의 자리를 만드는 이유는 다른 것이 아닙니다. 하나님과 이스라엘 백성 사이에 근본적인 관계가 무엇인지를 알라는 것입니다.

동거 관계하고 결혼 관계는 하늘과 땅의 차이가 있습니다. 동거 관계는 안 만나면 그만입니다. 그런데 결혼 관계는 안 만나면 그만이 될 수 없습니다. 애인 관계는 그냥 돌아서면 그만입니다. 애인 관계는 가정법원이 필요가 없습니다. 안 보면 그만입니다. 그러나 결혼 관계는 안 본다고 끝이 아닙니다.

그러면 이스라엘과 하나님 사이의 관계는 어떤 관계일까요? 가정법원이 필요합니다.

공적인 자리가 필요합니다.

왜 그럴까요?

하나님과 이스라엘 백성 사이는 동거 관계가 아닙니다. 결혼 관계입니다. 내가 너희를 애굽 땅에서 속량했다는 말은 내가 너희들을 해방해서 광야에 풀어놓았다가 아니고 내가 너희들을 속량한 뒤에 너희들과 결혼했다는 말을 한 것입니다.

이 결혼을 했다는 관계, 이 언약을 맺었다고 하는 것은 다시는 떨어질 수 없는 영원한 관계로 딱 묶여 버리는 것을 말합니다.

우리가 드라마를 보면 그런 장면이 있습니다. 형사가 죄수를 데리고 다니는 데 죄수가 도망을 치면 큰일 나기 때문에 어떻게 하는가 하면 형사가 한쪽 팔에 수갑을 차고 다른 한쪽은 죄수가 찹니다. 이것은 절대로 떨어질 수 없다는 것입니다. 절대로 너는 도망 못 간다는 것입니다.

죄수가 도망치면 도망친 그 자리에 반드시 형사도 있게 되어있습니다. 분리가 안 됩니다. 그런데 죄수가 교도소 안으로 들어갈 때 그 수갑은 분리되게 되어있습니다.

왜죠?

형사가 교도소로 들어갈 일은 없습니다.

그런데 하나님과 우리 사이에 묶인 수갑은 우리가 교도소에 들어간다고 해서 풀어지지 않습니다. 영원히 풀어지지 않습니다.

우리가 겪는 행복도 우리가 당하는 고통도 이제부터는 혼자 당하는 것은 하나도 없습니다. 전부 하나님과 같이 당할 수밖에 없습니다.

한 청년이 공장을 다니면서 혼자서 몹시 어렵게 사글세에 살면서 생활을 했습니다. 그런데 결혼을 하는데 신부에게 굉장한 선물들을 하는 것입니다. 다이아몬드 반지부터 시작해서 막 해 주는 것입니다. 그 교회 목사님이 깜짝 놀랐습니다.

"자네 어려운 형편에 어떻게 그렇게 선물을 많이 하는가?"

목사님이 물어보았다고 합니다.

그 청년의 말이 걸작입니다.

"어차피 다 가지고 올 겁니다. 나중에 급하면 팔면 됩니다."

이것이 바로 결혼입니다.

결혼이라고 하는 것은 이제는 죽어도 같이 죽습니다. 살아도 같이 삽니다.

하나님과 우리 사이에 맺어진 예수 그리스도의 피로 말미암아 맺어진 이 언약 관계, 이 수갑이라고 하는 것은 이것은 죽어도 안 풀리는 것입니다.

그래서 에베소서에서는 머리와 몸이 떨어질 수 없는 것처럼 하나님과 우리 사이가 이렇게 붙어 있다고 말합니다.

그러므로 이제부터는 어떤 일이 벌어지기 시작하는가 하면 고난이 오고 재난이 와도 혼자 당하는 고난은 하나도 없습니다.

오늘 하나님께서 내가 너희들을 속량했다는 말은 너희들을 풀어놓고 해방했다가 아닙니다.

출애굽기의 핵심은 속량한 그 자체가 아니라, 속량해서 시내산에 데려가서 언약을 맺은 걸 말하는 것이고, 하나님께서 오늘 그것을 위해서 공적인 자리를 베풀어서 이 말씀을 하고 있습니다.

하나님께서 도대체 무엇이 아쉬워서 이 노예 백성들과 수갑을 차기로 했을까요?

그러면 하나님 편에서 아쉬운 것이 있을까요?

하나님은 아무 부족한 것이 없습니다. 그래서 모세에게 한 말씀이 "나는 스스로 있는 자다"입니다.

스스로 있는 자가 무엇입니까?

부족한 것이 아무것도 없다는 것입니다.

그런데 문제는 노예들을 사랑해버렸습니다. 사랑이 문제였습니다.

키에르케고르가 유명한 비유를 했습니다.

왕이 시골 거지 처녀를 사랑을 했습니다. 거지 처녀를 사랑하고 나서 얼마든지 시골 거지 처녀를 왕후에 앉힐 수 있었습니다. 그런데 왕이 그렇게 하지 않습니다.

왜요?

왕후에 앉히는 것보다 더 중요한 것은 그의 마음을 얻는 것입니다.

그래서 왕이 어떻게 했을까요?

왕이 거지가 되기로 했습니다. 그리고 거지가 되어서 이 여자를 사랑하고 이 여자의 마음을 얻고 나서 다시 왕이 됩니다. 그러고 나서 이 여인을 왕후로 앉힙니다.

하나님께서 이 노예 백성들을 사랑한 것 말고는 다른 이유가 없습니다.

한 번 생각을 해 보십시오.

사실은 왕과 거지 처녀, 이것은 비유가 적당하지 않습니다. 하나님은 창조주이고 인간은 먼지입니다. 먼지가 아니고 미물입니다. 하나님과 인간의 간격은 무한대입니다. 그래서 요한일서 3장 1절에 보면 이렇게 되어있습니다.

"보라 어떠한 사랑으로 우리를 사랑하셨는고?"

여기서 어떠한 사랑이라는 것은 생소한 사랑, 희한한 사랑입니다. 생소한 사랑이 무엇인가 하면 이 세상에서 한 번도 보지도 듣지도 못한 사랑이 생소한 사랑입니다.

도대체 이 미물하고 창조주 하나님과의 간격은 무한대의 간격인데 어떻게 창조주 하나님께서 미물과 같이 수갑을 찰 수 있느냐?

한 운명이 될 수가 있었냐?

떨어질 수 없는 한 운명체가 될 수 있느냐?

이것을 생각하면 도저히 이해할 수가 없습니다.

두 번째 답변은 "모세와 아론과 미리암을 보내서 네 앞에 행하게 하였다"는 것입니다.

여기서 네 앞에 행하게 하였다는 표현은 목자가 양을 인도하는 그 표현에서 온 것입니다. 목자가 양 떼를 한 걸음 한 걸음 인도하는데, 모세가 나오고 아론이 나오고 미리암이 나오고 있습니다.

왜 이 세 사람이 나오는 것일까요?

하나님께서 이 세 사람을 말하는 것은 다른 것이 아닙니다. 모세는 하나님의 율법 말씀을 받은 사람입니다. 미리암은 선지자였습니다. 아론은 제사를 집행하는 주체였습니다.

이 세 가지는 한마디로 말하면 말씀과 제사를 말합니다.

왜 말씀과 제사를 하나님께서 강조하는 것일까요?

그것은 하나님께서 이스라엘 백성들과 처음에 언약을 맺을 때 눈에 보이지 않는 하나님, 우리 가운데 가까이 계신다는 것을 이 백성들이 어떻게 확신을 할 것이냐 하는 문제입니다.

눈에 보이지 않는 하나님, 광야에서 눈에 보이지 않는 가운데에 그 하나님께서 우리 가운데 계신다고 하는 그것을 하나님께서는 우리에게 어떻게 확신할 수 있는 도구를 주시고 방편을 주셨을까요?

두 가지입니다.

첫째, 말씀입니다.
둘째, 제사 즉 예배입니다.

왜 말씀이 중요할까요?

하나님께서 말씀하셔야만 하나님께서 지금 우리 가운데

계신다고 하는 확신을 할 수 있도록 하나님께서 처음부터 그걸 방편으로 삼으신 것입니다. 그래서 세례 요한이 광야에서 하나님의 말씀을 전할 때 400년의 어둠을 뚫고서 그때 이스라엘 백성들이 다 광야로 나왔습니다.

왜입니까?

하나님의 말씀이 들릴 그때 하나님께서 우리와 함께 하신다는 증표라고 이스라엘 백성들은 알고 있었기 때문에 그렇습니다.

예수님께서 갈릴리에서 말씀을 전할 때 갈릴리 사람들이 다 기뻐했다고 했습니다. 이 중에 몇 사람만 병 고침을 받았지, 다 병 고침을 받은 게 아닙니다. 그리고 하나님께 경배했다고 되어있습니다.

왜입니까?

예수 그리스도를 통해서 하나님의 능력 있는 말씀이 선포될 때 하나님께서 우리 가운데 임재하신다. 하나님이 우리 가운데 함께 계신다. 이것을 확신할 수 있도록 하나님께서 우리에게 주신 방편이었고 법칙이었기 때문에 그렇습니다. 그래서 갈릴리 사람들은 다 좋아했습니다.

하나님께서 이스라엘 백성들 가운데 떠나지 않았다고 하는 하나님의 증표가 무엇인가 하면 끊임없이 말씀의 종들을 보내주신 것입니다. 이것이 모세로부터 시작해서 미가까지 온 것입니다. 하나님의 능력의 말씀이 끊임없이 들렸다고 하는 것은, 그리고 끊임없이 예배가 올라갔다고 하는 것은 하나님께서 한 번도 떠난 적이 없다는 것을 증명하는 것입니다.

그러므로 하나님이 우리와 함께하지 않는다.

어떻게 그런 말을 할 수 있느냐 그 말씀이죠. 여러분 우리에게 하나님의 말씀이 들리는 것이 중요합니다. 하나님 말씀이 들리면 하나님이 우리 가운데 계시는 것입니다.

세 번째 답변은 "내 백성아 너는 모압 왕 발락이 꾀한 것과 브올의 아들 발람이 그에게 대답한 것을 기억하라"는 것입니다.

여기서 왜 갑자기 모압 왕 발락이 나오고 거짓 선지자 발람이 나옵니까?

이 이야기는 구약성경 가운데 놀라운 이야기입니다. 모압 왕 발락이라는 사람은 이스라엘을 군사로 이길 수 없다는 걸 알았습니다. 그래서 이스라엘을 저주하면 된다는 것을 알았습니다. 그래서 이 모압 왕 발락이 선지자 발람이라고 하는 선지자를 매수합니다. 매수를 해서 당신이 이 이스라엘 백성들을 저주하라 합니다. 이 발람은 자기가 저주하면 안 된다는 것을 알았습니다.

그런데도 발람이 어떻게 합니까?

따라가는 것입니다.

왜죠?

돈 때문에 그렇습니다.

그리고 그 앞에서 저 멀리 있는 이스라엘 백성들을 쳐다보면서 예언을 하는데 놀라운 일이 벌어졌습니다. 그는 분명히 저주하고 싶은 마음이 꽉 찼는데 그 입에서 축복이 나오는 것입니다. 그런데 이 축복이 보통 축복이 아니고 메시아의 축복입니다.

"한 별이 이스라엘에서 나올 것이다."

가장 아름다운, 가장 엄청난 축복이 이 거짓 선지자 발람의 입을 통해서 나오고 있습니다. 이유는 간단합니다. 하나님께서 발람의 입을 틀어서 돌리는 것입니다. 발람의 입을 틀어서 그 입에서 축복이 나오도록 한 것입니다.

더 기가 막힌 것이 무엇인가 하면 이 사실을 광야를 통과하고 있는 이스라엘 백성들은 아무도 모른다는 것입니다. 나중에 이것을 깨닫습니다. 그 사람들은 그냥 광야를 갑니다. 지금 무슨 일이 일어나는지도 모르고 있습니다. 그러나 그 배후에서 엄청난 일이 일어나고 있습니다.

무슨 일이 일어나고 있습니까?

독침을 약침으로 바꾸시는 하나님.

지금 저주하려고 하는 이 저주를 하나님이 억지로 입을 틀어서 축복으로 바꿔놓는 하나님의 열심입니다.

그러므로 하나님이 우리에게 관심이 없다는 말을 어떻게 할 수 있느냐 그 말입니다. 대표적인 예가 발람의 예를 들어서 설명을 하고 있습니다.

이것은 발람의 한 가지의 예에 불과합니다. 이스라엘 백성들의 역사 속에 그들은 알지도 못하고 그들은 느끼지도 못하는 가운데 하나님께서 보이지 않는 가운데 그 배후에서 일하고 계십니다. 독침을 약침으로 바꾸고 저주를 입을 틀어서 축복으로 만드는, 그러나 이스라엘 백성들은 무슨 일이 일어나는지도 모르는 가운데 역사는 진행되고 있는 것입니다. 이것이 하나님 나라의 역사라고 설명하고 있습니다.

여기서 하나님께서 한 가지 더 추가하고 있습니다. 무엇인가 하면 결론적인 말씀입니다.

> 싯딤에서부터 길갈까지의 일을 기억하라 그리하면 나 여호와가 공의롭게 행한 일을 알리라 하실 것이니라(미 6:5).

싯딤과 길갈이라고 하는 것은 이스라엘 백성들이 40년 광야 생활을 다 마치고 가나안에 들어가기 일보 직전에 서 있었던 곳이 싯딤이고 길갈입니다. 요단강만 넘어가면 광야 생활 40년을 다 끝을 내고 가나안 땅으로 들어가는 것입니다. 그 요단강을 건너기 직전이 싯딤입니다. 그리고 요단강을 건넌 직후가 길갈입니다.

왜 싯딤과 길갈입니까?

바로 이 싯딤과 길갈에서 이스라엘 백성들은 역사상 최고로 믿음이 좋았습니다. 진짜 용사로 변한 것은 싯딤과 길갈이였습니다. 그래서 길갈은 애굽의 수치가 굴러갔다. 이제는 용사다라는 것입니다. 이게 싯딤과 길갈입니다.

그들은 목숨을 걸고 요단강에 자기들의 몸을 던집니다. 목숨을 걸고 적군들 앞에서 할례를 받습니다. 할례를 받고 나면 꼼짝을 못합니다. 그러므로 할례를 받고 나면 목을 내놓는 것과 마찬가지입니다.

적군들이 칼을 들고 있는데, 이들 앞에 목을 내놓을 수 있습니까?

그런데 이스라엘 백성들은 그 일을 했습니다. 적군들 앞에서 할례를 받음으로 죽이려면 죽여라. 생명을 걸고서 하나님 앞에 이 믿음을 고백할 때 하나님께서 너희들은 진짜 용사다라는 것입니다. 이것을 인정 한 것입니다.

이것이 40년 훈련을 하신 하나님의 작품이었습니다. 하나님이 이런 사람들을 만들기 위해서 40년 동안 그들을 훈련하신 것입니다.

왜 이 말씀을 하신 것일까요?

불평하지 말라는 것입니다. 미가 시대, 하나님 백성들을 향해서도 불평을 하지 말라는 것입니다.

미가 시대 하나님 백성들, 너희들도 똑같이 이 믿음의 용사들로 만들고 싶고, 싯딤과 길갈에서 보여준 믿음을 너희들에게 찾기를 원하고 이 믿음의 훈련을 다 마친 후에 너희들은 정금같이, 싯딤과 길갈처럼 너희들은 하나님 앞에 이런 용사로 나오게 될 것을 나는 기대하고 있고, 반드시 그렇게 될 것이다라고 말씀하고 있는 것입니다.

그러므로 불평하지 말라는 것입니다.

이 말씀을 듣고 나서 미가가 이스라엘 백성들을 대표해서 찬송과 영광을 돌리고 있습니다. 6-8절 말씀입니다.

내가 무엇을 가지고 여호와 앞에 나아가며 높으신 하나님께 경배할까 내가 번제물로 일 년 된 송아지를 가지고 그 앞에 나아갈까 여호와께서 천천의 숫양이나 만만의 강물 같은 기름을 기뻐하실까 내 허물을 위하여 내 맏아들을, 내 영혼의 죄로 말미암아 내 몸의 열매를 드릴까 사람아 주께서 선한 것이 무엇임을 네게 보이셨나니 여호와께서 네게 구하시는 것은 오직 정의를 행하며 인자를 사랑하며 겸손하게 네 하나님과 함께 행하는 것이 아니냐(미 6:6-8).

엄청난 영광송을 올려드리고 있습니다. 오늘 하나님의 이 세 가지 답변, 그리고 우리를 향해서 가지고 계신 하나님의 위대한 뜻, 똑같습니다. 창조주께서 우리와 수갑을 같이 차버렸습니다. 죽어도 같이 죽고, 살아도 같이 살도록 그렇게 만들어 놓으셨습니다. 그리고 하나님의 말씀과 예배를 통해서 한 번도 우리를 떠나지 않았다는 것을 우리 하나님께서 증명하고 있습니다.

그뿐만이 아니라 보이지 않는 가운데 우리는 아무 생각 없이 살아가는 가운데 하나님께서 엄청난 일을 지금도 하고 계십니다. 독침을 약침으로 바꾸시는 하나님의 손이 지금도 우리 가운데 있는 것입니다. 그리고 결국은 우리를 싯딤과 길갈의 용사로 만들어가게 될 것입니다. 우리 하나님 앞에 미가가 올려드리는 이 엄청난 영광송, 이것이 우리의 영광송이 될 수 있기를 바랍니다.

미가 7:1-7

¹ 재앙이로다 나여 나는 여름 과일을 딴 후와 포도를 거둔 후 같아서 먹을 포도송이가 없으며 내 마음에 사모하는 처음 익은 무화과가 없도다 ² 경건한 자가 세상에서 끊어졌고 정직한 자가 사람들 가운데 없도다 무리가 다 피를 흘리려고 매복하며 각기 그물로 형제를 잡으려 하고 ³ 두 손으로 악을 부지런히 행하는도다 그 지도자와 재판관은 뇌물을 구하며 권세자는 자기 마음의 욕심을 말하며 그들이 서로 결합하니 ⁴ 그들의 가장 선한 자라도 가시 같고 가장 정직한 자라도 찔레 울타리보다 더하도다 그들의 파수꾼들의 날 곧 그들 가운데에 형벌의 날이 임하였으니 이제는 그들이 요란하리로다 ⁵ 너희는 이웃을 믿지 말며 친구를 의지하지 말며 네 품에 누운 여인에게라도 네 입의 문을 지킬지어다 ⁶ 아들이 아버지를 멸시하며 딸이 어머니를 대적하며 며느리가 시어머니를 대적하리니 사람의 원수가 곧 자기의 집안 사람이로다 ⁷ 오직 나는 여호와를 우러러보며 나를 구원하시는 하나님을 바라보나니 나의 하나님이 나에게 귀를 기울이시리로다

제11장

영적 개혁을 불러오는 미가의 기도

(미 7:1-7)

사람이 무엇인가를 배우려고 할 때 배움의 가장 중요한 원리 중의 하나가 모방입니다. 어린아이들이 무언가를 배울 때 부모를 그대로 따라서 모방하는 것을 알 수 있습니다. 소설가들이 소설을 잘 쓰기 위해서 위대한 소설 작품을 펼쳐놓고서 글자 하나 틀리지 않고 그대로 모방한다는 것입니다. 모방이라는 것이 얼마나 중요한지 알 수 있습니다.

영적인 것도 마찬가지입니다. 우리가 기도를 배워야 하는데, 기도도 모방을 통해 배워야 하는 것입니다. 그럼으로 성경에 나타난 위대한 기도의 사람들의 기도를 우리가 모방하고 따라하고 흉내 내야 하는 것입니다.

오늘 우리가 미가 선지자의 기도를 배우려고 합니다. 우리가 이 기도를 제대로 배울 수만 있다면 우리는 어떤 절망도 희망으로 바꿀 수 있습니다.

그렇다면 미가의 기도는 어떤 기도일까요?

그것은 영적인 절망 속에서 희망을 불러 오고 있는 기도입니다. 미가서 자체가 영적 개혁을 위한 교과서라고 할 수 있습니다. 미가 선지자는 영적 개혁을 위해 하나님 앞에 기도하고 있습니다.

오늘 우리가 살필 핵심 말씀이 7절 말씀입니다.

> 오직 나는 여호와를 우러러보며 나를 구원하시는 하나님을 바라보나니 나의 하나님이 나에게 귀를 기울이시리로다 (미 7:7).

이 한절 속에 담겨 있는 아주 비장한 무게의 느낌을 사실은 한글 번역을 읽으면서는 잘 느낄 수 없습니다. 왜 그런가 하면 우리 말에는 강조형이라는 것이 없기 때문입니다. 성경에 기록된 히브리어에는 똑같은 단어에도 강조형이 있습니다. 7절 말씀에 핵심형 동사가 강조형입니다. '우러러보며, 바라본다'가 강조형입니다. 아주 강한 표현입니다.

여기에 오직도 강조고, 보통 히브리어는 주어가 생략되는데, 생략이 안된 것은 나도 강조형이기 때문입니다. 그러니깐 한절은 전부 다 강조형입니다. 오늘 여기에 맛을 느낄 수 있도록 읽어본다면, "다른 사람은 누가 뭐라고 하든지 간에 오직 나만은 여호와 하나님 그분 한분만을 죽을 힘을 다하여 바라보며 우러러보며 그 한분만을 한눈 팔지 않고 뚫어지게 바라보겠습니다. 나는 나의 하나님께서 이러한 나의 기도를 들으실 줄 알고 있습니다." 이렇게 표현을 한 것입니다.

지금 우리가 어떤 그림을 그려야 하는가 하면, 미가라고 하는 사람의 기도 속에는 하나님 한분 외에는 아무것도 없습니다. 미가의 영적인 시야를 꽉 채우고 있는 것은 하나님 한분밖에 없습니다. 엄청난 집중력을 보여주고 있습니다. 마치 햇빛이 돋보기를 통과해서 종이를 태우는 것처럼 아주 강한 집중력, 하나님 한분과 밀착하고 있습니다. 아이가 엄마와 떨어져 있다가 만나서 껌처럼 달라붙어서 밀착하는 모습을 상상하면 좋습니다. 더 이상 나는 아무것도 기대하지 않고 하나님 한분만 쳐다보겠습니다.

중요한 것이 무엇인가하면 오늘 7절의 집중력입니다. 도대체 무엇이 이 집중력을 만들어 내는가 하는 것입니다.

이 질문을 하기 위해서 1절에서 6절까지 읽어보아야 합니다. 사실 1절에서 핵심이 나오고 있습니다.

> 재앙이로다 나여(미 7:1).

이건 아주 강한 표현입니다. 이것은 선지자가 먹을 것이 없어서 하는 이야기가 아니라는 것을 알아야 합니다. 유대인에게 일년 농사에서 마지막 농사는 여름실과입니다. 포도를 거둔 후도 이건 포도를 다 주운 후 입니다. 이제는 아무것도 없는 황량한 벌판이라는 것입니다. 아무것도 없는 황량한 벌판의 그림을 그리고 있는데, 이건 비유적인 표현입니다.

어떤 비유일까요?

그것은 자기 심정의 상태입니다. 다시 말하면 하나님 나라의 영적인 상태가 이런 상태라고 비유적으로 표현하고 있는 것입니다. 조금 더 구체적으로 살펴보면 선지자가 절망하고 있는 내용이 4가지입니다.

첫째, 2절 말씀입니다.

> 경건한 자가 세상에서 끊어졌고 정직한 자가 사람들 가운데 없도다 무리가 다 피를 흘리려고 매복하며 각기 그물로 형제를 잡으려 하고(미7:2).

핵심은 경건한 자가 끊어졌고 정직한 자가 없다는 말은 단순한 도덕적인 타락만이 아닙니다. 이것은 무엇인가하면 하나님 앞에 정직한 사람이 없다는 것입니다.

정직한 사람이 누구입니까?

하나님 앞에서 가면을 쓰지 않은 사람이 정직한 사람입니다.

그러면 가면을 안 쓴 사람이 누구일까요?

하나님을 조금이라도 두려워하는 사람은 가면을 쓰지 않습니다. 꾸미지 않고 정직할 수밖에 없습니다. 결국 유다백성 중에 정직한 자가 없다는 것은 아무도 하나님을 의식하지 않는다는 것입니다.

여러분 이것이 바로 영적인 절망 아닙니까?

하나님 백성이 영적으로 황폐해지면 이렇게 됩니다. 하

나님을 두려워하는 마음이 싹 사라집니다. 그리고 자신을 꾸미는 것에 전혀 주저함이 없습니다.

둘째, 3절 말씀입니다.

> 두 손으로 악을 부지런히 행하는도다 그 지도자와 재판관은 뇌물을 구하며 권세자는 자기 마음의 욕심을 말하며 그들이 서로 결합하니(미 7:3).

여기서 '악을 부지런히 행한다' '부지런하다'는 건 열정을 의미합니다. 그런데 이것은 좋은 열정이 아니고 나쁜 열정입니다.

나쁜 열정이라는 것이 무엇일까요?

사람이 영적으로 황폐해지면 열정을 가지고 죄를 짓습니다. 술을 먹어도 그냥 먹지 않습니다. 열정을 가지고 먹습니다. 영적으로 황폐한 사람은 아이를 양육해도 그냥 양육하지 않고 미친 듯이 아이를 양육합니다. 그런데 이것은 열정이 아니고 광기라고 합니다.

사람이 영적으로 황폐해 지면 이와 같이 됩니다.

미셀푸코 철학자가 이런 말을 합니다.

"인류의 역사는 광기의 역사다."

사람들이 광기를 가져서 만든 것이 인간의 역사다라는 것입니다. 사람이 영적으로 황폐해지면 미친 듯이 삽니다. 돈을 벌어도 미친 듯이 법니다. 영적으로 황폐해지면 이렇게 됩니다. 이스라엘이 영적으로 황폐해진 모습이 이런 모습입니다.

셋째, 4절 말씀입니다.

> 그들의 가장 선한 자라도 가시 같고 가장 정직한 자라도 찔레 울타리보다 더하도다 그들의 파수꾼들의 날 곧 그들 가운데에 형벌의 날이 임하였으니 이제는 그들이 요란하리로다(미 7:4).

여기에 '찔레 같고 가시 같다'라고 되어 있습니다.

사람이 영적으로 황폐해지면 가시가 됩니다. 우리의 말 한마디, 우리의 표정 하나가 전부 가시입니다. 다른 사람을 찌르고 우리 주위의 사람이 황폐해지면 전부 가시입니다. 남편이 영적으로 황폐해 지면 가시가 됩니다. 아내가 영적으로 황폐해 지면 가시가 됩니다. 가정이 가시 같은 가정이 됩니다.

그런 가정에 들어가고 싶은 마음이 생길까요?

하나님 백성이 황폐해지니깐 전부 가시가 됩니다.

넷째, 5-6절 말씀입니다.

> 너희는 이웃을 믿지 말며 친구를 의지하지 말며 네 품에 누운 여인에게라도 네 입의 문을 지킬지어다 아들이 아버지

를 멸시하며 딸이 어머니를 대적하며 며느리가 시어머니
를 대적하니 사람의 원수가 곧 자기의 집안 사람이리로다
(미 7:5-6).

이 말을 예수님이 인용했습니다. 영적으로 황폐해지면
가장 가까운 관계에서 신뢰에 금이 갑니다. 제일 가까울수
록 힘들어지는 것입니다.

여러분 이 네 가지가 이스라엘에 다 있다는 것입니다. 하
나님을 두려워하는 것은 하나도 없고, 미친 열정에 사로잡
혀서 살뿐 아니라, 전부 가시 같고, 찔레 같고, 그리고 가까
운 관계에서 전부 깨어져서 금이 가는 것입니다. 이것이 바
로 하나님 나라의 현실이였습니다. 이것을 보면서 미가가
절망하고 있는 것입니다.

"재앙이로다 나여."

이것은 완전한 절망입니다. 아무런 희망도 보이지 않는
절망입니다.

이런 절망을 어떻게 하면 물댄 동산같이 만들수 있을까요?

어떻게 하면 이 영적인 황폐함이 변해서 풍성한 하나님
백성으로서의 모습을 가질 수 있을까요?

미가 선지자의 기도 속에 해답이 있습니다.

우리에게 있어서 놀라운 것은 1절 말씀의 '재앙이로다'
의 선지자 모습과 7절 말씀에 나타나고 있는 '능력 있고 힘
있는' 선지자의 모습이 매치가 안 되는 것입니다.

1절 말씀에서는 절망하고 있는 선지자가 7절 말씀에는

엄청난 능력의 선지자가 이어지는데 이것을 도대체 어떻게 이해해야 할까요?

전혀 다른 사람 같습니다.

어떻게 이런 절망 속에서 이런 기도를 할 수 있을까요?

우리의 질문이 여기에 있습니다.

오늘 이 본문을 함께 생각하면서 함께 질문하는 것은 한 가지입니다.

도대체 무엇이 이 절망하는 선지자에게 이렇게 능력 있는 기도를 할 수 있게 만든 것일까?

그가 부딪힌 절망이 대답입니다.

이것이 도대체 무슨 말일까요?

여기에 엄청난 역설이 있습니다. 그가 부딪힌 눈앞에 절망, 이것이 바로 7절의 기도를 가능하게 했다는 것입니다. 이것이 영적 개혁을 불러오는 기도의 핵심입니다. 쉽게 말하면 "나는 오직 하나님만 쳐다봅니다"라고 기도한 것은 이제는 정말 다른 것은 볼 것이 없었기 때문입니다. 그가 그렇게 강하게 한눈팔지 않고 하나님만 바라본 것은 간단합니다. 인간적인 소망이 전혀 없기 때문에 그렇습니다. 한눈팔 것이 없기 때문에 그렇습니다. 그런 의미에서 그의 절망이 역설적으로 그의 기도를 만들고 있습니다.

이것을 주목해서 보아야 합니다. 여기에 영적 개혁의 비밀이 있습니다. 인간적인 희망이 없어지고 완전히 절망적인 상황 앞에서 사람은 두 가지의 반응을 취합니다.

첫째는 완전히 주저앉습니다. 포기합니다.

둘째는 정반대로 인간적인 희망이 없기 때문에 더 하나님께 밀착하고 하나님께 껌처럼 달라붙어서 다른 것은 아무것도 보지 않고 하나님께 집중하는 것입니다.

전자는 포기하는 입장에서 절망은 자기를 깔아뭉개는 죽음의 짐이 됩니다. 후자는 절망이 자기를 깔아뭉개는 짐이 되는 것이 아니고, 오히려 이것이 하나님께 더 나아가게 하고 하나님을 더 붙들게 만드는 그래서 절망이 오히려 기회가 되는 것입니다.

여러분 미가는 이 둘 중에 무엇을 선택했을까요?

후자를 선택하고 있습니다.

이해를 돕기 위해서 예를 들어보겠습니다.

장훈이라는 일본 프로야구의 전설인 선수가 있습니다. 이 선수가 타석에 들어섰는데, 관중석에서 야유를 합니다.

"조센징 꺼져라."

처음에는 한두 명, 나중에는 관중석에서 전부가 일어나서 "조센징 꺼져라"라고 외쳤다고 합니다. 이 선수가 타석에 들어섰다가 잠시 대기석으로 나갔습니다. 마음을 가다듬고 나서 마음에 오기가 발동합니다. 그리고 나니 날아오는 공에 집중이 되는 것입니다. 딱 맞는 순간 그냥 홈런이 아니라 장외홈런을 쳤습니다. 온 관중이 침묵에 빠졌습니다.

이 야유는 그를 포기하게 하는 재료였습니다. 그러나 이 야유가 두 번째 타석에서는 장외홈런을 만들어 내는 재료가 되었습니다. 똑같은 절망이지만 장훈 선수는 후자를 택

했습니다.

미가는 바로 후자를 선택한 것입니다. 눈앞에 영적인 황폐한 상황을 보면서, 인간적인 아무 희망이 없습니다. 그런데 인간적 희망이 없기 때문에 더더욱 하나님 앞에 강력하게 달라 붙었습니다. 미가의 기도의 하이라이트는 바로 여기에 있습니다. 가장 깊은 절망과 가장 강력한 기도는 동전의 양면과 같습니다. 이것을 기억해야 합니다.

다시 말해서 가장 강력한 기도가 언제 나올까요?

사람이 가장 깊은 절망 속에서 그 기도가 터지는 것입니다. 그런데 그냥 나오는 것이 아닙니다. 미가와 같은 안목이 있어야 합니다. 미가의 기도를 배운 사람이 이 기도를 할 수 있습니다.

무슨 안목 입니까?

이 절망과 황폐한 상황이 나의 기도 재료로 사용되어야겠다는 것입니다.

그래서 1절에서 6절까지의 절망, 재앙이로다 나여, 이것이 7절과 연결되어 있습니다. 이제 아무것도 볼 것이 없기 때문에 미련을 버리고 나는 오직 여호와 하나님만을 온전히 우러러 보며 다른데 한눈을 팔지 않으며 구원하신 하나님만을 뚫어지게 쳐다보겠다는 것입니다.

여기에 이스라엘의 영적인 개혁의 열쇠가 있습니다.

이스라엘의 영적인 개혁이 어떻게 이루어지나요?

이렇게 해야만 영적인 개혁이 된다는 것입니다.

히안시스라는 꽃이 있습니다. 이 꽃은 대단히 특이합니

다. 왜냐하면 히안시스는 유독 어두운 곳에서 꽃이 피기 때문입니다. 저는 이것이 하나님 백성과 너무나 닮았다고 생각합니다. 어두워지고 어두워져서 캄캄한 어두움이 절망으로 끝날 수 있습니다. 그러나 어두움이 꽃을 피울 수 있습니다. 어두움만이 꽃을 피울 수 있는 것입니다. 어둡기 때문에 꽃을 피웁니다. 바로 이것이 미가의 기도의 의도를 우리에게 보여주고 있습니다.

한번 생각해 보십시다. 아무런 가능성이 없습니다. 영적인 황폐함의 4가지 특징이 다 나타나고 있습니다.

마찬가지로 하나님 나라가 처음 만들어 졌을 때 인간적인 가능성이 있었습니까?

하나님이 아브라함을 불러냈을때 무슨 가능성이 있었나요?

아브라함을 통해 하나님 나라를 만들때 제로 포인트였습니다. 왜냐하면 자식을 낳을 수 없는 아브라함이기 때문입니다. 어차피 하나님 나라는 불가능으로 시작된 나라입니다. 그렇다면 미가 시대도 마찬가지입니다.

지금 인간적인 가망성이 전혀 없어 보인다고 절망할 필요가 있느냐 하는 것입니다. 미가는 없다는 것입니다. 미가는 바닥을 치면서 깨닫습니다. 황폐한 상황, 재앙이로다 나여, 이것을 전부 기도의 재료로 삼고 있습니다. 그렇기 때문에 나는 다른 것은 보지 않겠다. 하나님께 밀착을 하며, 하나님께 오직 집중해서 내가 하나님 앞에 이와 같이 기도하겠다라고 하면서 나온 기도가 7절의 기도입니다.

"하나님 믿을 구석이 없기 때문에 하나님 오히려 잘됐습니다. 이제는 절대로 한눈팔지 않겠습니다. 하나님 당신만 쳐다봅니다. 내가 절망적이기 때문에 더 강청합니다."

이 절망적인 상황이 기도의 에너지를 만들고 있습니다.

역설입니다. 그러나 여기에 길이 있습니다.

사람의 인분, 쉽게 말해서 사람의 똥에서 메탄가스가 나와서 에너지가 될 수 있다고 합니다.

영화 <마파도>에서 이 장면이 나오는데, 화장실에서 담배피우다가 폭파장면이 나옵니다.

여러분 사람은 다 인생에서 버려야 될 똥 같은 것이 있습니다. 상처들, 약점들, 똥처럼 버리지 못해서 지고 다니는 것들, 핸디캡들.

여기에 두 가지의 길이 있습니다. 하나는 똥이 되어서 힘들게 해서 질식하게 만들 절망의 조건이 되든지, 아니면 미가처럼 이 똥이 기도를 만나서 영적인 메탄가스가 되든지, 영적인 에너지가 되든지 두 가지 길이 있습니다.

여러분 하나님께서 우리에게 원하시는 기도는 이런 기도입니다. 우리가 정말 배우기를 원하고 닮기를 원하는 기도는 이런 기도입니다.

절망의 조건에 파묻히지 말고 이 절망의 조건을 전부 기도의 에너지로 바꾸어서 강력하게 하나님 앞에 나아갈 수 있다면 이스라엘도 영적인 개혁이 가능하다는 것입니다.

한 마을에 늑대를 잡으면 현상금 5천 달러를 주겠다는 공고가 붙었습니다. 두 젊은이가 야영을 하는데 텐트 밖에 나와서 보니 온 주위에 늑대 눈 입니다. 늑대 눈이 텐트 주위를 꽉 채우고 있습니다.

한 친구는 이렇게 말합니다.

"우리는 죽었다."

옆에 있던 친구는 소리를 지르면서 외쳤습니다

"우리는 이제 부자가 되었다."

우리의 선택입니다. 하나님께서 우리에게 선택을 원하시고 계십니다.

대표적인 것이 사무엘의 어머니 한나입니다. 자식을 못 낳는 것, 이건 절망입니다.

여기에서 주저 앉을 것이냐?

기도의 메탄가스로 기도의 에너지를 삼을 것이냐?

한나는 후자를 선택합니다. 이것이 얼마나 강력했던지 하나님의 뜻을 바꿔버렸습니다.

여러분 상황과 환경과 사람에게 미련을 갖지 맙시다. 상황과 환경과 사람에게 기대하지 맙시다. 미가처럼 말입니다.

히스기야는 벽을 쳐다봤다고 했습니다. 죽음의 질병이 오히려 하나님 앞에 더 강력하게 나아가는 재료로 사용된 것입니다. 완전히 절망하는 선지자의 절망이 기도의 재료가 되니까 세상에서 제일 강력한 기도가 미가의 입에서 터트려지고 있습니다. 가장 강력한 기도와 가장 깊은 절망은 동전의 양면과 같습니다. 우리의 모든 절망을 기도의 메탄가스로 바꾸시는 저와 여러분이 되시길 바랍니다.

미가 7:8-20

⁸ 나의 대적이여 나로 말미암아 기뻐하지 말지어다 나는 엎드러질지라도 일어날 것이요 어두운 데에 앉을지라도 여호와께서 나의 빛이 되실 것임이로다 ⁹ 내가 여호와께 범죄하였으니 그의 진노를 당하려니와 마침내 주께서 나를 위하여 논쟁하시고 심판하시며 주께서 나를 인도하사 광명에 이르게 하시리니 내가 그의 공의를 보리로다 ¹⁰ 나의 대적이 이것을 보고 부끄러워하리니 그는 전에 내게 말하기를 네 하나님 여호와가 어디 있느냐 하던 자라 그가 거리의 진흙 같이 밟히리니 그것을 내가 보리로다 ¹¹ 네 성벽을 건축하는 날 곧 그 날에는 지경이 넓혀질 것이라 ¹² 그 날에는 앗수르에서 애굽 성읍들에까지, 애굽에서 강까지, 이 바다에서 저 바다까지, 이 산에서 저 산까지의 사람들이 네게로 돌아올 것이나 ¹³ 그 땅은 그 주민의 행위의 열매로 말미암아 황폐하리로다 ¹⁴ 원하건대 주는 주의 지팡이로 주의 백성 곧 갈멜 속 삼림에 홀로 거주하는 주의 기업의 양 떼를 먹이시되 그들을 옛날 같이 바산과 길르앗에서 먹이시옵소서 ¹⁵ 이르시되 네가 애굽 땅에서 나오던 날과 같이 내가 그들에게 이적을 보이리라 하셨느니라 ¹⁶ 이르되 여러 나라가 보고 자기의 세력을 부끄러워하여 손으로 그 입을 막을 것이요 귀는 막힐 것이며 ¹⁷ 그들이 뱀처럼 티끌을 핥으며 땅에 기는 벌레처럼 떨며 그 좁은 구멍에서 나와서 두려워하며 우리 하나님 여호와께로 돌아와서 주로 말미암아 두려워하리이다 ¹⁸ 주와 같은 신이 어디 있으리이까 주께서는 죄악과 그 기업에 남은 자의 허물을 사유하시며 인애를 기뻐하시므로 진노를 오래 품지 아니하시나이다 ¹⁹ 다시 우리를 불쌍히 여기셔서 우리의 죄악을 발로 밟으시고 우리의 모든 죄를 깊은 바다에 던지시리이다 ²⁰ 주께서 옛적에 우리 조상들에게 맹세하신 대로 야곱에게 성실을 베푸시며 아브라함에게 인애를 더하시리이다

제12장

미가의 찬양기도
(미 7:8-20)

우리가 오늘 배우는 기도는 찬양기도입니다. 미가 선지자가 하나님을 향해서 3번 영광을 돌리는 찬양기도를 하고 있습니다.

첫 번째 기도는 14절입니다.

두 번째 기도는 16절, 17절입니다.

세 번째 기도는 18절부터 20절입니다.

세 번에 걸쳐서 영광을 돌리는 찬양입니다. 미가가 올려드리는 찬양기도는 엄청난 스케일입니다.

우리가 찬양기도를 반드시 배워야 합니다. 왜냐하면 찬양기도가 가지고 있는 능력 때문입니다. 우리가 하나님 앞에 올려드리는 기도는 실재로 세 가지가 있습니다.

첫째는 찬양, 둘째는 회개, 셋째는 간구의 요소입니다.

찬양의 기도는 하나님의 영광을 인정하고 감사하는 요소입니다. 우리가 감사합니다라고 할때 이것은 찬양기도에 속하는 것입니다.

우리가 생각할 때에 우리가 하나님 앞에 무엇인가를 강청을 해야만 기도한 것 같지만, 사실은 그렇지 않습니다. 우리가 찬양기도만 드려도 얼마든지 훌륭한 기도가 될 수 있습니다.

왜냐하면 기도는 하나님과의 관계를 연결시키는 통로가 되기 때문에 반드시 강청이 있어야만 되는 것이 아닙니다. 어쩌면 찬양기도 자체가 훨씬 더 큰 능력을 가질 수도 있습니다.

멀린 캐로더스 목사가 쓴 책 중에 『감옥생활에서 찬송생활』이란 책이 있습니다. 이 책이 천만 부가 팔렸다고 합니다. 캐로더스는 방탕한 생활을 하다가 급기야 군대에서 탈영을 하였습니다. 결국 잡혀서 재판을 받고 징역형을 선고를 받습니다. 그런데 징역 살이를 하기 싫어서 제2차 세계대전 중 군에 자원 입대를 합니다. 그리고 전쟁에 참전하여 하나님을 만납니다. 확실하게 회심을 하고 새 사람이 되어서 돌아옵니다. 군목이 되어 하나님께서 이 사람을 통해 많은 능력을 나타내십니다. 그런데 하나님께서 주신 특별한 메시지가 있습니다.

"너는 범사에 감사하고 찬양하면서 살아라."

어느 날 한 부부가 캐로더스 목사를 찾아와서 상담을 하는데, 부인이 자살을 시도하다가 찾아온 것입니다. 남편이 월남전에 가야 되서 충격을 받았습니다. 왜냐하면 이 부인은 어려서부터 고아로 자랐기 때문입니다. 고아로 자라서 늘 외로운 가운데 살다가 지금 남편을 만나 결혼을 했는데, 결혼한 지 얼마 안 되어 남편이 월남전에 나가야하는 상황이 되자 절망되어 목숨을 끊으려고 한 것입니다. 상담을 하는 중에 하나님께서 캐로더스 목사에게 강하게 말씀하십니다.

"너는 이 부부에게 이렇게 말을 하라. 이 상황을 감사하며 찬양기도하라고 말을 하라."

그런데 캐로더스 목사가 아무리 생각해도 지금 그 분위기가 아니었습니다. 그럼에도 불구하고 성령께서 강권하십니다.

"너는 찬양하고 기도하라고 말하라."

강권에 떠밀려서 캐로더스 목사는 성령께서 시키는 데로 전했습니다.

"하나님께 감사하고 찬양기도를 해야 합니다."

여자가 그 말을 듣더니 더 울고 불고 하면서 문을 박차고 떠나버렸습니다. 그런데 며칠 후에 이 부부가 다시 찾아 왔습니다. 이 부부가 하는 말이 일단 감사하고 찬양하겠습니다라고 말하고 나서 그 자리에서 기도하고 나가는데 우연히 한 병사를 만났다고 합니다. 이런 저런 이야기를 하는데 이 병사가 자기 지갑을 열어서 가족사진을 보여주더라는 것입니다. 이 사진을 본 부부는 졸도할 뻔 했습니다. 이들이 본 사진은 부인이 가지고 있는 엄마의 사진하고 똑같았습니다. 이 부인은 말로만 들었던 자기의 친오빠를 만난 것입니다.

그리고 나서 며칠 후에 월남에 가야 할 남편이 보직 이동이 되어서 계획이 취소 되었습니다.

이 사건을 듣고서 캐로더스 목사가 이런 말을 합니다.

"우리가 어떤 결과를 얻기 위해서 찬양과 감사기도를 드리는 것은 아니다. 그러나 어떤 결과에 상관없이 찬양기도를 올려드리는 이것은 하나님을 감동시키고 하나님의 역사를 반드시 불러온다."

여러분! 찬양기도는 역사를 반드시 불러오고 능력이 있다는 것입니다. 우리가 하나님을 찬양하는 그 자체가 능력을 불러온다는 것입니다.

어느 날 멀린 캐로더스 목사가 큰 두통 때문에 고생을 하고 있는데, 하나님의 강력한 메시지가 들렸습니다.

"너는 왜 두통 때문에 찬양하지 않느냐?"

그때 목사님이 너무너무 답답해서 마음속으로 이렇게 항변했다고 합니다.

'제가 두통 때문에 불평한적 있습니까?

제가 불평을 안하면 되지 않습니까?'

그런데 '너는 찬양해야 돼'라는 생각이 계속 들더라는 것입니다.

캐로더스 목사는 순종을 했습니다. 하지만 찬양하고 감사할수록 두통은 더 심해졌습니다.

그런데 하나님을 열심히 찬양하는 가운데 어느 순간에 주체 할 수 없는 감동과 기쁨이 확 밀려옵니다. 한순간에 두통이 사라져 버렸습다.

하나님은 우리의 찬양기도를 그렇게 받기를 원하십니다.

그 이유는 하나님이 우리의 아버지이시기 때문입니다.

여러분 우리는 우리의 찬양기도를 더 많이 더 정교하게 더 깊이 할 수 있는 한 많이 할수록 좋습니다. 한마디로 끝날 것이 아니라 하나님께서 우리의 죄 용서하심을 감사하고 찬양합니다. 저주에서 해방주심을 감사하고 찬양합니다. 건강주심을 찬양합니다. 직장주심을 감사하고 찬양합다. 예배할 수 있게 하심을 감사하고 찬양합니다.

여러분 찬양기도는 끝이 없습니다. 너무너무 많습니다.

우리 속에 감사와 기도가 많아지면 내가 삽니다. 반드시 하나님의 역사가 나타납니다.

사도 바울 역시 에베소서에서 아주 정교하게 구원의 깊이와 넓이와 높이와 길이를 조목조목 따져서 하나님을 찬양하고 있습니다. 하나님 사랑이 얼마나 깊은지 하나님의 사랑이 얼마나 넓은지 하나님의 사랑이 얼마나 긴지.

빌립보 감옥에서 찬양기도는 옥문을 깨뜨려 버립니다. 옥문을 열어달라고 기도한 적은 없지만 옥문을 깨뜨려 버립니다.

구약에서 여호사밧 왕은 찬양기도로 전쟁에서 승리합니다. 우리 기도 속에 깊이 그리고 길게 찬양기도를 하는 것 이것이 우리 신앙의 실력입니다. 이것이 하나님의 능력을 반드시 불러옵니다.

그렇다면 미가는 하나님 앞에서 어떻게 찬양기도를 드리고 있을까요?

첫째, 8절에서 10절 말씀입니다.

먼저 8절 말씀을 보시면 7절의 기도를 상기해서 8절을 읽어야 합니다. 미가가 완전 밀착기도를 7절에서 했습니다. 왜 이런 기도를 했습니까?

미가가 볼 때 하나님 백성이 다 썩었습니다. 고구마가 일부만 썩으면 잘라내서 먹으면 되지만 다 썩은 것은 버려야 합니다. 이와같이 유다 백성들도 완전히 다 썩었습니다. 그래서 하나님 한 분만을 바라볼 수밖에 없습니다. 그래서 7절과 같은 기도가 나온 것입니다. 절망이 기도의 재료가 되어서 가장 강력한 기도로 변신해서 7절과 같은 기도가 나오게 된 것입니다. 그런데 이 7절 기도 후에 8절에 하나님의 기적 같은 응답이 나오고 있습니다. 8절을 보시면 완전히 돌변하고 있습니다.

나라고 하는 것은 미가 개인으로만 볼 수 없습니다. 나는 하나님 백성 전체의 대표입니다. 보십시오. 대적을 향해서 기뻐하지 말라고 이야기하고 있습니다. 완전히 돌변했습니다. 그 이유는 하나님께로부터 엄청난 계시를 받았기 때문입니다.

그러면 미가가 받은 계시가 어떤 계시입니까?

8절 말씀 중간을 보십시오.

우리는 엎드릴지라도 일어나리라.

하나님께서 여기에 전격적인 계획이 있다는 것을 미가는

알고 있습니다. 이 백성은 완전히 썩어서 끝인 줄 만 알았습니다. 그런데 하나님의 전격적인 계획이 있습니다.

그 전격적인 계획이 무엇입니까?

어두운데 영원히 앉게 하는 것이 아니라 잠시 앉게 하는 것입니다. 엎드러지지만 영원히 엎드러지지 않고 일어나게 합니다.

무슨 말입니까?

다시 말하면 유다는 바벨론에 의해서 끝이 나지 않습니다. 다시 일어납니다. 하나님의 전격적인 개입 때문에 그렇습니다.

9절 말씀을 보십시오.

> 내가 여호와께 범죄하였으니 그의 진노를 당하려니와 마침내 주께서 나를 위하여 논쟁하시고 심판하시며 주께서 나를 인도하사 광명에 이르게 하시리니 내가 그의 공의를 보리로다(미 7:9).

여러분 이스라엘은 바벨론에 의해 끝날 줄 알았습니다.

왜입니까?

다 썩었기 때문입니다. 다 썩었으니까 바벨론에서 끝날 줄 알았는데, 하나님은 마른뼈를 살려놓듯이 하나님 나라를 잿더미에서 다시 일으키겠다는 것입니다. 이것이 바로 하나님의 전격적인 계획입니다.

왜 하나님의 전격적인 계획이 나옵니까?

그것은 바로 하나님과 하나님 백성들 사이의 언약 때문에 그렇습니다.

내 주와 맺은 언약은 영불변하시니.

그 언약 때문에 하나님은 당신의 백성을 배신하지 않습니다. 유다는 배신했지만, 하나님은 배신하지 않습니다.

그래서 10절 말씀에 이렇게 말합니다.

나의 대적이 이것을 보고 부끄러워하리니(미 7:10).

분명히 유다는 죽어야 되는데 안 죽으니깐 대적이 보고 부끄러워하고 있습니다.

여러분 하나님께서 그 백성과 맺은 언약은 취소가 될 수 없습니다. 그런데 미가 자신도 여태까지 이 언약이 이렇게 엄청난 것인 줄 몰랐습니다. 이 언약이 이렇게 질기고 엄청난 것인 줄 실감을 하지 못했는데, 오늘 하나님의 계시의 말씀을 받으면서 실감을 하고 있습니다.

'하나님의 백성은 언약 때문에 망하지 않는 것이구나. 분명히 죽어야 되는데 죽지 않는구나.'

오늘 이 말씀은 구약의 백성이 아니라 오늘 신약 백성들인 우리에게 적용해야 합니다.

그러면 신약의 우리는 누구입니까?

우리는 구약 백성들보다 수백만 배 더 환한 영원한 언약, 예수 그리스도 안에서 영원한 언약 백성들입니다. 이 언약 백성은 취소가 될 수 없습니다.

미가가 들은 말씀이 그대로 우리의 말씀입니다. 하나님의 진정한 백성들이 엎드러질 수는 있습니다. 그러나 영원히 망하지 않습니다. 어두운데 앉아 있을 수는 있습니다. 그러나 영원히 캄캄해 지지는 않습니다. 이것을 한마디로 말하면 하나님 백성의 불멸성입니다.

혹시 축구 이긴 경기의 재방송을 본적이 있습니까?

세상에 이긴 경기를 재방송으로 보는 것보다 재미없는 것은 없습니다. 긴장감도 없고 위기 상황에서도 걱정이 안 됩니다.

왜 그럴까요?

이기기 때문입니다.

여러분 우리의 인생은 마치 이와 비슷합니다. 우리의 인생은 이미 결정 난 경기를 하는 것과 같습니다. 어짜피 우리는 망하지 않습니다. 영광 가운데 하나님과 영원히 망하지 않는 것은 확실합니다. 미가가 튼튼히 가지고 있는 것은 바로 이것입니다.

"나는 엎드러질지라도 일어날지라. 대적들이 이를 보고 부끄러워할지니."

불멸성입니다.

리처드 A. 스웨슨이라는 분이 있습니다. 이 분이 진리를 깊이 묵상하면서 하나님 앞에 질문 하기를 내가 하나님과 10분 대화를 할 수 있으면 이런 질문을 하겠다는 것입니다.

"하나님 캐서린이 천국에서 잘 지내고 있습니까?"

"이 캐서린은 더할 나위없이 너무 잘지내고 있다."

그러면서 하나님께서 이렇게 말씀 하십니다.

"나는 내 백성이 왜 그토록 세상을 떠나는 것을 힘들어 하는지 모르겠다. 넘어오면 즉시 내가 그를 영광 가운데로 인도할 텐데."

그렇습니다. 우리는 확실한 인생의 결론을 쥐고 있습니다. 이미 알고 있는 인생. 미가가 하나님 백성이 끝인 줄 알았는데, 끝이 아니었습니다. 망하지 않더라는 것입니다. 이것이 바로 하나님 백성의 불멸성입니다.

예수님도 말씀 하셨습니다.

"나를 믿는 자는 죽어도 살겠고."

불멸성입니다.

둘째, 11-12절 말씀입니다.

> 네 성벽을 건축하는 날 곧 그 날에는 지경이 넓혀질 것이라 그 날에는 앗수르에서 애굽 성읍들에까지, 애굽에서 강까지, 이 바다에서 저 바다까지, 이 산에서 저 산까지의 사람들이 네게로 돌아올 것이나 (미 7:11-12).

지금 똑같은 말을 반복하고 있습니다. 하나님 나라가 다시 세워지는데, 옛날 이스라엘 나라가 아니다라는 것입니다.

보십시오.

예루살렘 성이 다시 재건되는 그날, 어느 정도로 예루살렘이 넓어지느냐?

이 바다에서 저 바다까지, 이 말은 무슨 말인가 하면 한마디로 전 세계입니다. 다시 말해서 하나님 나라가 가나안에 작은 지역이 아니라는 것입니다.

바벨론 포로에서 돌아와서 재건 될 때는 전 세계로 넓어지는 예루살렘을 보게 될 것이라는 것입니다.

그러면 실제로 70년 포로 생활을 하고 돌아왔을 때 예루살렘이 다시 재건되긴 되었는데, 이 말씀처럼 전 세계로 넓어졌습니까?

그렇지 않습니다. 아니 오히려 훨씬 더 초라했습니다. 그러면 미가에게 지금 보여주는 것은 단순히 70년 후를 보여주고 있는 것이 아닙니다. 이것은 그림자입니다. 미가가 지금 깨닫고 있는 것도 마찬가지입니다. 70년 뒤가 아닙니다.

지금 미가가 쳐다보고 있는 것은 벌써 새로운 시대를 보고 있습니다.

무슨 새로운 시대입니까?

신약 시대 하나님의 아들을 통해 이루어질 엄청난 새로운 시대입니다.

그것이 무엇입니까?

새로운 시대가 되면 하나님의 아들이 하늘에 있지 않습니다. 새로운 시대가 되면 하나님의 아들이 땅으로 내려오십니다. 그가 와서 십자가에서 인간의 죄와 세상의 죄를 해결을 하십니다.

그렇게 되면 어떻게 될까요?

하늘에서 하나님의 영이 땅으로 내려오십니다. 하나님의

영은 하나님 자신을 말합니다. 그 하나님의 영이 사람들에게 부어집니다. 하나님의 영이 부어졌을 때 어떤 일이 일어나는가하면 그곳에 하나님의 나라가 임합니다. 죽어도 사해지지 않은 죄가 사해집니다. 그리고 더 중요한 것은 이전에는 상상도 할 수 없는 일, 그 자리에서 하나님을 만나는 것입니다. 이제는 예루살렘이 아니라 전 세계 구석구석에서 이 바다에서 저 바다까지, 온 세상 구석구석에서 예루살렘 성전에서 만난 하나님을 거기에서 만나는 것입니다.

이것을 가리켜서 영광이라고 말합니다. 지금 미가에게 하시는 말씀이 그 말씀입니다. 예루살렘의 하나님의 임재가 온 세상 구석구석에서 어디에서든지 하나님을 만난다는 것입니다.

한비야 씨가 아프리카의 깊은 오지에서 하루는 예배에 참석했습니다. 그냥 모여서 예배를 드립니다. 한비야 씨가 여기서 성령체험을 합니다. 저는 이것을 보면서 예루살렘에 임하던 하나님의 쉐키나의 영광이 아프리카의 오지에 직통으로 임하는 것을 볼 수 있었습니다.

이 바다에서 저 바다까지, 이 땅에서 저 땅까지, 하나님의 영이 어디에서든지 역사하십니다. 어디에서든지 하나님의 나라가 임합니다. 미가는 지금 엄청난 시대를 내다보고 있고, 우리는 엄청난 시대를 살고 있습니다. 미가가 내다보는 이 바다에서 저 바다까지 하나님의 임재가 있고 하나님의 쉐키나의 영광을 지금 이 자리에서 만나는 것입니다.

문제는 우리의 영혼이 눈을 감고 있으면 보이지가 않습니다. 그런데 미가는 예수님 오시기 700 년 전에 미리 보면서 놀라버립니다. 그리고 나서 하나님을 향해서 찬양을 터뜨리고 있습니다. 미가가 놀란 것은 두 가지 입니다. 하나님 백성의 불멸성입니다. 그리고 하나님 나라의 영광입니다. 이 두 가지 때문에 14절부터 찬양을 터트리고 있습니다.

> 원하건대 주는 주의 지팡이로 주의 백성 곧 갈멜 속 삼림에 홀로 거주하는 주의 기업의 양 떼를 먹이시되 그들을 옛날 같이 바산과 길르앗에서 먹이시옵소서(미 7:14).

"먹이옵소서."
이 말은 간구라기보다는 맞장구입니다. 하나님 그렇게 하십시오. 그렇게 하심을 감사하고 찬양합니다.
그렇게 하시는 게 무엇입니까?
이스라엘에서 가장 울창한 곳이 갈멜 속 산림입니다. 갈멜 속 삼림에 사람이 숨으면 찾을 수가 없습니다. 앞으로 하나님의 계획이 갈멜 속 삼림, 아프리카 오지에서도 하나님의 임재를 맛보게 하겠다는 계획을 이루겠다는 것입니다.
어떻게 말입니까?
"옛날같이 바산과 길르앗에서 먹이시던 것처럼."
여러분 이 옛날같이는 언제인가하면 이스라엘 백성들이 출애굽 할 때입니다.
그 옛날과 같이 제2의 출애굽을 이룰 줄 믿습니다. 하나님 그렇게 하십시오.

제2의 출애굽이 무엇입니까?

갈보리 십자가에서 제2의 출애굽을 이루시겠다는 것입니다. 이것은 홍해 바다가 갈라진 것과는 비교할 수 없이, 역사가 쪼개지고 우주가 갈라진 엄청난 구원의 사건입니다. 이것을 미가가 쳐다보면서 하나님께서 제2의 출애굽을 다시 한번 이루실 것을 찬양합니다. 그러자 하나님께서 다시 맞장구를 치십시다.

15절 말씀을 보십시오.

> 이르시되 네가 애굽 땅에서 나오던 날과 같이 내가 그들에게 이적을 보이리라 하셨느니라(미 7:15).

"좋았어, 내가 그렇게 보이리라."

애굽에서 나온 것처럼 제2의 출애굽을 일으키면서, 하나님 백성의 불멸성과 하나님 나라의 영광성을 나타내 보이고야 말겠다고 하나님께서 맞장구를 치십니다.

그러면서 미가가 두 번째 찬양을 하는데 16-17절의 찬양은 더 격합니다.

> 이르되 여러 나라가 보고 자기의 세력을 부끄러워하여 손으로 그 입을 막을 것이요 귀는 막힐 것이며 그들이 뱀처럼 티끌을 핥으며 땅에 기는 벌레처럼 떨며 그 좁은 구멍에서 나와서 두려워하며 우리 하나님 여호와께로 돌아와서 주로 말미암아 두려워하리이다(미 7:16-17).

너무너무 두려워서 손으로 입을 막고 귀를 막을 것입니다.

사람들이 너무너무 두려워서 뱀처럼 티끌을 핥으며 너무너무 두려워서 땅에 기는 벌레처럼 떨며 좁은 구멍에서 나와서 두려워 할 것입니다.

왜입니까?

하나님께서 행하시는 제2의 출애굽, 제2의 구원을 보면서 너무너무 놀랬기 때문입니다. 하나님의 아들이 이 땅에 내려와 버렸기 때문입니다.

하나님께서 아들이 죽여버렸습니다. 그리고 홍해가 갈라진것이 아니고 하나님의 아들이 죽으심으로 온 역사를 쪼개버렸습니다. 이것을 보면서 사람이 다 떨게 될 것이다는 것입니다.

셋째, 18-19절 말씀을 보십시오.

> 주와 같은 신이 어디 있으리이까 주께서는 죄악과 그 기업에 남은 자의 허물을 사유하시며 인애를 기뻐하시므로 진노를 오래 품지 아니하시나이다 다시 우리를 불쌍히 여기셔서 우리의 죄악을 발로 밟으시고 우리의 모든 죄를 깊은 바다에 던지시리이다(미 7:18-19).

주와 같은 신이 어디 있으리이까?
저는 하나님 앞에 두 손 두 발 다 들었습니다.

주와 같은 신이 어디 있습니까?

우리의 죄악을 사유하시는 우리 하나님, 이런 하나님을 찬양합니다.

우리의 기도 속에 미가와 같은 격한 찬양이 나오고 있습니까?

갈보리 언덕에서 예수님께서 지신 십자가는 우리의 죄악을 완전히 발로 밟은 것이고, 다시는 쳐다보지 않는다고 하시면서 바다에 집어 던진 것입니다.

그러면서 미가서 제일 마지막 부분에 이렇게 말합니다.

> 주께서 옛적에 우리 조상들에게 맹세하신 대로 야곱에게 성실을 베푸시며 아브라함에게 인애를 더하시리이다 (미 7:20).

이게 무슨 이야기입니까?

하나님께서 아브라함을 통해 야곱을 통해서 하나님 백성을 구원하겠다는 것을 결국은 이루시는군요. 다 하시고야 마는군요. 내가 주님을 찬양합니다.

주와 같은 신이 어디에 있습니까?

여러분, 이 엄청난 찬양의 감격을 느낄 수 있습니까?

이 구원의 신비 앞에 서 보지 않은 사람은 이 찬양이 나오지 않습니다.

우리가 갈보리 언덕에 하나님의 아들이 이루신 이 구원을 보면서 우리의 입에서도 이러한 찬양이 나와야 합니다.

더 엄청난 찬양이 나와야 합니다. 하나님 열방이 부끄러워할 것입니다. 온 세상이 부끄러워 떨면서 찬양할 것입니다. 그 사랑이 너무너무 놀라워서 나도 입을 막고 찬양할 것입니다.

주와 같은 신이 어디에 있습니까?

하나님께서 우리에게 주신 것은 불멸성입니다. 하나님 나라의 영광성입니다. 우리는 영원히 영원히 죽지 않는, 잠시 어둠에 앉아 있을지라도 우리는 반드실 일어날 것입니다.

여러분 이것을 찬양해야 합니다.

우리는 결론 난 인생을 살고 있습니다. 하나님 나라가 충만하게 이루어진 것을 우리는 보고 있습니다. 우리의 기도 속에 찬양이 임하게 하십시오.